緯武經文

創建中國武術的近代歷程

麥勁生　劉繼堯 —— 著

紀效新書卷十四

拳經捷要篇第十四

此藝不甚預於兵能有餘力則亦武門所當習但衆之不能强者亦聽其所便耳於是以此為諸篇之末第十四

拳法似無預於大戰之技然活動手足慣勤肢體此為初學入藝之門也故存于後以備一家學拳要身法活便手法便利脚法輕固進退得宜腿可飛騰而其妙也顛起倒插而其猛也披劈橫拳而其快也活捉朝天而其柔也知當斜閃故擇其拳之善者三十二勢勢勢相承遇敵制勝變化無窮

照曠閣

戚繼光在《紀效新書》卷14〈拳經〉詳細介紹拳法技巧

懶扎衣出門架子變

下勢霎步單鞭對敵

若無膽向先空自眼

明手便

金雞獨立顛起裝腿

橫拳相兼搶背臥牛

雙倒遭着叫苦連天

戚繼光在《紀效新書》卷14〈拳經〉以圖文並茂方式介紹各類拳法

防風茅元儀輯

陣練制

練二十

教藝四

鎗

紀效新書曰鎗法之傳始於楊氏謂之曰梨花天下咸尚之妙在乎熟熟則心能忘手手能忘鎗圓神而不滯又莫貴於靜靜則心不妄動而處之裕

茅元儀在《武備志》卷87〈陣練制〉詳細介紹鎗法技巧

鋪地錦勢
乃地蛇鎗法
起手披挨急
刺高來直擦
難饒若他滴
水認針穿罅
法死中反活

茅元儀在《武備志》卷 87〈陣練制〉以圖文並茂方式介紹各類鎗法

目錄

前言

探研歷史的人，該常常有著自省。過去的事件已成過去，我們對它們的認知，只靠有限留下的不完整記錄。就算今天科技發達，人人智能手機不離身，無論大小事件，一舉機，一按鍵，就是一個記載，但每個記載還只是事情的一個面相。圖像視頻越來越多，真相卻未必能重構。所以，上面所說的自省，是要對我們堅信為真的資料、想法和判斷時常反復敲打。我和繼堯都是熱愛武術的人，亂七八糟地學過中外不同門派的武術；我們也都是學歷史的，在中國武術史方面粗略下過一點功夫。在武館道場聽過師父前輩訴說各種傳聞故事，也看過各大武術社團出版的種種出版物，最初覺得中國武術發展的歷程「就是如此」，中國武術系統一早成熟也是「本該如是」。閱讀稍多，接觸面擴大之後，慢慢覺得古代的資料實在有限，今天的認知大部分是近代人建立起來的。大約在 2018 年夏季，我們萌生討論近代中國武術的構想——集技擊格鬥、健體養生、強國強種、精神修養的武術文化，這個整體圖像是何時、如何出

現？這圖像的形成，有什麼人參與其中？

　　幾個概念啟發了我們的思考，其一為「去熟悉化（defamiliarization）」，此概念原本多用於文學與藝術創作。簡單來說，是要把熟知的事物當作新事物看待，用新的眼光將之重新審視，從而發掘出昔日沒留意的複雜內容。[1] 王汎森在《中國近代思想與學術的系譜》中指出了「去熟悉化」在史學中的應用：

　　　　我們對百年來的歷史知道得太熟識了，所以我們已逐漸失去對所研究問題的新鮮感，需要「去熟悉化」（defamiliarized），才能對這一段歷史產生比較新的瞭解。[2]

　　對於我們以為熟悉、有結論的課題，不妨先保持距離，再重新觀察。「中國武術是中國文化的象徵之一，具有豐富內涵、多元的意蘊、各種元素有機結合」這圖像相信是人所共知，少有疑問的。我們的新起點是要提問：這個圖像從何而來？這是否在某時代、某歷史條件之下建立的論述？

　　通過「去熟悉化」的審視，再熟識不過的武術圖像，似乎形成於「層累地造成」的過程。近代史家顧頡剛的「層累地造成的中國古史」觀點，提出至今已經近百年，但對我們仍有重要啟迪。這觀點包含以下三個

層次的意義：第一層意義——「時代越後，傳說的古史期越長」。譬如，周代人心目中最古的人王是禹，到孔子時始有堯舜，到戰國時有黃帝神農，到秦時三皇出來了，漢以後才有所謂「盤古」開天辟地的傳說。於是，顧頡剛形成一個假設——古史是層累地造成的，發生的次序和排列的系統恰是一個背反。理論上，沒有新史料的大發現或考古技術的大突破；漢代人要理解遠比周朝更早的歷史，是異常困難的。資料沒有增加，但論述時段不斷延長，內容越見仔細，原因何在？不難想像，後人的生活形態、文化演進和現實需要，增加了對古代的想像，也從此引出了層累地造成的中國古史觀的第二層意義——「時代越後，傳說中的中心人物越放越大」。當中滲入了後人的很多詮釋，類推和想像。但顧頡剛沒有否定這是真假混雜的古史，反而用文化史的眼光看待它們。第三層意義在於——「不能知道某一件事的真確的狀況，但可以知道某一件事在傳說中的最早的狀況」。譬如，「我們即不能知道東周時的東周史，也至少能知道戰國時的東周史；我們即不能知道夏商時的夏商史，也至少能知道東周時的夏商史」。[3] 稍後，顧頡剛和盤托出了其取向：「我對於古史的主要觀點，不在它的真相而在它的變化。」[4] 簡言之，這就是「不立一真，惟窮流變」。[5] 回到我們感興趣的中國武術史，越古的資料越少，記述的人與事也越簡略，但隨著歷史前

進，卻越得到補充。我們從中看到古代、明清時代以至近代怎樣書寫中國武術，而主導我們今天的看法還是形成於二十世紀。

對於近代的武術圖像，通過「去熟識化」，讓我們保持新鮮感、讓我們發現武術的多元意蘊，如何「層累地造成」。因此，本書的構想，焦點不在於「討論真假」──所謂「不立一真」，而是「惟窮流變」──考察近代的武術圖像在何種脈絡下被生成、以及如何被形塑。

麥勁生　劉繼堯

2021 年 10 月 25 日

注釋

1　Irene Rima Makaryk, ed., *Encyclopedia of Contemporary Literary Theory: Approaches, Scholars, Terms* (Toronto: University of Toronto Press, 1993), p.528.

2　王汎森：《中國近代思想與學術的系譜》（上海：上海三聯書店，2018），頁 5。

3　關於顧頡剛「層累地造成的中國古史」一說，可以參考顧頡剛：〈與錢玄同先生論古史書〉，顧頡剛編著：《古史辨（一）》（上海：上海出版社，1982），頁 59-66。

4　同上，頁 273。

5　同上。

前言

第一章

◆

引論

大家常有的印象是，中國武術經不同族群的貢獻和數千年累積，發展成複雜多姿，集格鬥、健體、醫學和心靈修煉等元素於一體的系統。各種武術元素，從遠古開始形成，而且在互相滲透之下有機地發展。從先秦為起點，直至冷兵器退出歷史舞台為止，軍事、民間武技和身心修養各種元素早已融為一體。[1] 以色列學者夏維明（Meir Shahar）對少林武術也有以下觀察：「我們今天所熟識的拳術不是為狹隘的戰鬥而設計，而是廣泛應用於健身強體和精神修煉。原本用於醫療和宗教目的的體操術和呼吸術被融入拳術，最終形成集技擊、治療和宗教修煉於一身的綜合體。」[2] 問題在於，這些不同因素，是同步發展還是在不同階段陸續成為中國武術的成分？我們對中國武術的一體性印象是從何而來？

自古以來，武力毫無疑問用於人與人、群體和群體之間的鬥爭，不難明白格鬥和健體早已經是武術的核心。但由於功用不同，用於國防的武術（簡稱軍旅武術）和用於民間的武術（簡稱民間武術）側重點和訓練

方法不盡相同。兩者明顯沿著兩條路徑發展，不少人類推兩者互相交流影響，但相關的記錄有限，深入的討論亦不多見。我們可以估計武功高強的英雄豪傑會通過各種諸如武舉的制度被朝廷聘用，南征北討；解甲歸田的士兵，亦能將軍旅所習武藝用於自衛，但這是常理的推測，少有文獻充分解釋與證明。至於文武合一的教育理想和哲學思想，有否刺激武藝發展或反過來吸納諸多武藝元素，文獻所見同樣稀少。事實上，孔子提倡「禮、樂、射、御、書、數」六藝為一種體性的教育，他自己佩劍，其弟子冉求和子路精通武術。同時，古代的士出身貴族，集知識和管治本領於一身，堪稱文武合一。觀先秦以後，文士階層討論武藝以至健身的材料有限。習雲太對此趨勢有以下解釋：

　　隨著社會的發展，文士內容日益增多，又不能廢武事，於是文武兼包之士逐漸分途為二：憚用力者歸「儒」，好用力為「俠」，亦即儒者專於文，俠者專於武……文武分途後，文人輕武，武者不文。專門從事武事活動的人，對原有武術技術的提高雖起到了良好的促進作用，但又由於文化限制，能夠流傳後世的武術技術文字記載不多，武術技術多靠「口授身傳」往下傳，以致造成不少精微奧妙隨人而亡。專門從事文事的人，逐漸又輕武，不

懂武，對武術中的攻防技術無法確切地加以紀錄，而精於武藝者又不能著書立說以闡其奧，或有述其妙者又不能解其術，故自西漢以後，武術著作已不多見。[3]

近年流行的性別研究，更讓我們瞭解到傳統社會中，武與力並非「男性氣概」（Masculinity）的必然內涵。性別研究強調「女性特質」（Femininity）和「男性氣概」都是社會文化建構遠多於與生俱來的品質。不同社會因應主導群體的利益、習性和產業結構種種因素界定男女的特性，進行角色定形，並且規範兩者社會功能，進行分工，繼而按性別分配社會和文化資源。在西方文化的長流之中，男性氣概隨社會需要轉變。一夫當關，律己助人的男性英雄屹立於部族互鬥，環境嚴苛的上古世代；抵禦外敵，繼承基督教傳統的騎士在中世紀衝鋒陷陣；但到工商業文明興起，武力漸漸淡出西方男性精英的世界，克己、整潔、有禮、勤儉成家的男性得人敬重。[4] 回看中國的情況，讀書人的品行得科舉考試和家庭制度鞏固，[5] 文字記載頗為凸顯讀書人的文雅特質，平衡了英雄好漢的勇武剛烈。[6] 近年的中國男性氣概研究，都有頗多關於男性德行、文學修養、交誼、男色，以至消費行為等等文雅的一面。[7] 就是自唐代開始為中國培養武將的武舉和武學，到宋代以後也重視知

書帶兵，多於練武衛國，久而久之，武舉成為士子入仕的另類途徑。[8] 尚武之風一度瀰漫明代的學術圈，但同時期的武學卻充斥紈綺子弟，結果「教法不嚴，督率無力，朝廷與社會均不甚重視」。[9] 尚武、有血性，強身救國的男兒氣概觀念，到了近代，尤其在清末以後受盡列強壓迫的景況，特別被知識階層廣泛討論。[10]

明代以前，並非沒有討論軍旅武術、民間武術、武術和身心修養的材料，但記載少而零碎，而且散落在不同文體和語境中，部分更和文學創作和怪異元素混雜。今天中國武術的一體性形象，大概是一個篩選和建構的結果。有些武術元素和內涵，尤其被視為有特殊價值和中國武術獨有的，被保存、強化和發揚；一些被看成不理想和不合時宜的或被放棄，或被自然淘汰；新的和外來的因素，合用的會與既有的武術元素整合。這個過程應該一直在行進，只是之前未必有系統的陳述。我們也可以相信，因應特別的現實和文化需要，這種建構工作會特別惹人關注和受到重視。就如本書後章會講到的，明代將領在抗倭戰爭初時處於下風，也目睹日本刀法的厲害，乃反思中國軍旅武術的缺陷，在選兵練陣方面求推陳出新，革除不實用的華麗套路，並考慮取材民間兵器武術，從而發展出一些武術的新見解。在清代，武術和社會運動有密切關係，民間的社會運動首領要招徠群眾加入武力抗爭，既鼓勵習武，也利用信仰傳說，做成

各種疑幻似真的傳奇，令武術染上怪異色彩。當然，從清末到民國時期，武術發展成國術，在政策、文化和武術界人士的配合下，成為新時代政治和文化的一部分，建構和篩選的過程是特別清晰。武術在這時候負起了保種建國、健身強民、科學化、精神修養等等使命，也同時得處理一些舊元素如門派與武林傳說。方向雖然看似清晰，但政策的持久力、參與者的背景和個人目標、整個武術界的複雜氛圍，使發展未如預期，而且引發了不少矛盾。1937 年之後，政治局面大變，國術運動失去了之前的動力。

　　以下六章會鋪陳近代建構武術的歷程。第二章講述傳統文獻對武術的記載重點，旨在指出既有資料不容易表現出前人對武術有一種一體的概念。第三章嘗試審視明、清時代的主要武術風尚，從而指出就是在這兩個被一致認為是中國武術歷史的重要階段，都只有個別的武術元素得到較完整的發展和清晰的記錄。而這些元素卻在晚清開始面對挑戰和自然淘汰。第四章討論傳統武術，如何踏進民國文化和政治重建與借鑑西方科學與體育這兩個主旋律，並且開始調適和改革。第五章從馬良的新武術、中國精武體操會和其他新興武術團體的興作，看 1910 至 1920 年代中國武術轉化的方向，和體育化與科學化的實效。第六章以中央國術館及其相關國術館的發展為主題，探討新開創的國術的核心內容和推

進方式。當中強調的科學驗證、去除門戶和身心修養，和傳統武術產生什麼張力，實際又得到什麼結果。第七章以四十年代武術在幾個地區的發展作結，意圖指出在沒有政府主導的情況下，武術回歸原生態的發展，一些之前強化的元素情況如何，未解的問題又如何延續。

前人在這課題的研究包羅萬有，本書儘量取用，同時參考民國時期出版的專著和期刊。武術、武藝、功夫、國技和國術這些名詞，長時期被交替使用，學者亦盡力闡明。為免走進太複雜的討論，本書以武術為一個大概念，民國之前的軍事訓練會特別指明為軍旅武術，民間使用的為民間武術，也會用武藝來形容個別人的修為。晚清民初時，武術家常交替使用武術、國術和國技這幾個名詞，本書引用相關作者的作品時，會保留原有用詞，但討論時則儘量使用普及了解的武術一詞。在張之江鼓吹下，國術一詞深入民心，所以 1928 年後由中央國術館和相關組織推動的武術活動就會以國術名之。這些用法不一定完善，只求切合本書論述的方式。

注釋

1　　類似講法見於任海：《中國古代武術》（台北：台灣商務印書館，
　　　1995）和林伯原：《中國武術史》（新北：五洲出版有限公司，2012）
　　　等作品。

2　　（以）夏維明著，趙殿紅譯：《少林寺：歷史、宗教與武術》（北京：
　　　宗教文化出版社，2016），頁173。

3　　習雲太：《中國武術史》（北京：人民體育出版社，1985），頁34-35。

4　　Chris Blazina, *The Cultural Myth of Masculinity* (Westport, Conn.:
　　　Praeger, 2003) 對西方男性形象的轉化有扼要的討論。

5　　Song Geng, *The Fragile Scholar: Power and Masculinity in Chinese
　　　Culture* (Hong Kong: Hong Kong University Press, 2004). 論中國科
　　　舉和教育的作品，多不勝數，顯要者推李弘祺：《學以為己：傳統中
　　　國的教育》（香港：中文大學出版社，2012）；何宇軒的近作《明清
　　　女性在男性人格建構過程中的角色》（台北：秀威出版社，2019）有
　　　趣地指出，母子、夫婦、姊弟的關係如何塑造出求道、立德，有志向
　　　的男兒性格。

6　　Kam Louie, *Theorising Chinese Masculinity: Society and Gender in
　　　China* (Cambridge: Cambridge University Press, 2002), p.8.

7　　例如 Anna M. Shields, *One Who Knows Me: Friendship and Literary
　　　Culture in Mid-Tang China* (Cambridge; MA: Harvard University
　　　Press, 2015)；范育菁：〈風俗與法律：十七世紀中國的男風與男風論
　　　述〉（台灣政治大學碩士論文，2010）；巫仁恕：《優遊坊廂：明清江
　　　南城市的休閒消費與空間變遷》（台北：中央研究院近代史研究所，
　　　2013）等，都凸顯出傳統中國男性的文雅。

8　　方震華：〈文武糾結的困境——宋代的武學與武舉〉，《台大歷史學
　　　報》期33（2004），頁9。

9　　賴盟騏：〈明代的武學與武舉制度〉，《高雄應用科技大學學報》期
　　　33（2004），頁208。

10　　Lili Zhou 的 "The Reconstruction of Masculinity in China, 1897-
　　　1930" (PhD Dissertation, University of Technology, Sydney, 2012)
　　　討論了武力、體魄、獨立性格、知識，科技等等因素如何在內憂外患
　　　的中國，成為男性氣概的新內涵。王詩穎的《國民革命軍與近代中國
　　　男性氣概的形塑1924-1945》（台北：國史館，2011）進一步指出清
　　　末民初的連年戰亂造就了「由文轉武」、「好男要當兵」的新男性形象。

第二章

◆

明代以前的
武術景象

明代之前的武術專著不多，流傳的更少，[1] 當然武術的不同面相還是有記載。在有限的文獻中，我們粗略地看到軍旅武術和民間武術的一些形態，另有文士討論德性和身體時涉及身心修煉，而俠義文學和民俗之中也有武術成分。當中我們看到的，較多是精英層的視覺和文士的文化理想。以上元素可被看作近代武術討論的文化資源，部分如軍旅武術，隨著冷兵器時代結束而流逝，部分更在科學化時代被淘汰。

第一節
傳統兵學和軍事訓練

原始社會的狩獵與戰爭，大概是用武的起源。原始的人們為了在惡劣的自然環境中生存下來，逐漸練就了徒手擒殺野獸的本領，而且創造了大量的具有尖鋒利刃的生產工具，並逐漸掌握了使用工具同野獸搏鬥的技能。之後隨著社會生產力的發展和私有制的萌發，戰爭日益頻繁，人與獸鬥爭的工具和技能同時用於人與人鬥爭。先民為爭奪首領地位而鬥爭，之後氏族之間集體對抗。[2] 政治體制和社會組織成型後，專事國防和治安的軍隊出現而培訓軍人的軍旅武術亦應運而生。大一統的帝國仍不能免於各種對外或對內的戰爭。

中國古代軍事技術是武術形成、發展的一大文化源。概念上，在冷兵器時代，武術可以作為一種軍事手段作用於戰場，也可以成為軍隊訓練中的重要內容；另一方面，軍旅武術中的某些習練內容，也往往成為民間武術得以不斷發展、完善的來源。[3] 但是，兩種事物在價值、功能和活動特點上的近似性，並不意味著兩種事物具備同一性。軍旅武術顯然就體現出一種「開大陣，

對大敵」的集團性配合作戰，有異於常人單鬥獨打所用的武藝。我們所說的戰爭都屬於國家，民族，或者至少是有相當規模的群體的行為，涉及複雜的組織和技術元素。從冷兵器到科技戰爭時代都一樣，一個軍事強國需具備軍事技術，動員能力，軍事組織，物流配套，經濟儲備，軍事教育和行政效率等整合而成的一體力量。經驗知識過人的將領要將上述元素混成戰略與戰術，並且應用在瞬息萬變的戰場上，訓練有素和紀律嚴明的軍士則要謹守崗位，貫徹執行指令。[4] 所以古代軍事作品少有討論技擊，反而更強調在「束伍」紀律下的整體配合和協同作戰。也因戰爭是國家行為，無論和平時期的佈置訓練，作戰時的動員作戰，都是由非常少數的管治精英籌備、執行和記錄。所以從管治精英留下的文字，我們較多地看到軍事團體的日常備戰措施，戰守的決定，作戰時的謀略，執行的成敗等等。軍士的個人武藝，一般不是記載的主要內容，民間武術和軍旅武術的關係，更是少有陳述。

古代文士記載的軍事，大者自以國防外交作中心。商周時代的內外戰爭、春秋時代霸主的偉業、戰國七雄的合縱連橫、漢代與西域的和戰等，都是大戰略的最好例子。在實踐層次上，古代的軍事學問亦可稱為「兵家」，[5] 一般將這概念溯源於《孫子兵法・計篇》。班固（32-92）的說法進一步解釋兵家的架構：

權謀者，以正守國，以奇用兵，先計而後戰，兼形勢，包陰陽、用技巧者也。……形勢者，雷動風舉，後發先至，離合背鄉，變化無常。……陰陽者，順時而發，推刑德，隨門擊，因五勝，假鬼神而為助者也。……技巧者，習手足，便器械，積機關，以立攻守之勝者也。兵家者，蓋出古司馬之職，王官職武備也。[6]

「權謀」、「形勢」、「陰陽」、「技巧」為兵家中的四個範疇，有著不同的意義。「權謀」的作用在於正確預測，以保證穩操勝券；「形勢」的作用在於靈活應用戰術的要點；「陰陽」的作用在於確定用兵的時機和對象；「技巧」的作用在於軍事技能的訓練，[7] 大致分為三個項目：「習手足」、「便器械」、「積機關」，即拳法、兵器、器械，[8] 可算是軍旅武術的主要內涵，與預測、指揮、時機構成一個整體。傳統論著重視「權謀」、「形勢」和「陰陽」。《漢書·藝文志》中，縱有「射法」、「戈法」、「劍道」、「手搏」和「蹴鞠」的資料，但講的還只是基本原理，[9] 少有具體內容。

另外，《孫子兵法》所說的「軍型」、「兵勢」、「行軍」和「地形」，[10] 簡單說是訓練或者實戰時兵士的調度、進退、攻防和戰守。假如將領有謀略，兵士訓練足，配合時機地形，就能克敵制勝。商周時代，盛行車

戰。《呂氏春秋・簡選》云：「殷湯以良車七十乘，必死六千人，以戊子戰於郕，遂禽移大犧。」[11] 調動如此兵力，當然要進退有度。春秋時期，戰爭規模擴大，每戰動用戰車成百上千；戰國時，步兵漸成主力，要和戰車協同作戰，戰陣要求更高。[12] 之後大一統皇朝誕生，無論對內或對外的戰爭，規模和軍械素質都不斷提高，陣法也更為講究。實戰時所用陣法，如《武經七書》之一的《唐李問對》所提到的就是紀律的體現：

> 凡立隊，相去各十步，駐隊去前隊二十步，每隔一隊立一戰隊。前進以五十步為節。角一聲，諸隊皆散立，不過十步之內；至第四角聲，籠槍跪坐。於是鼓之，三呼三擊，三十步至五十步以制敵之變。馬軍從背出，亦五十步臨時節止。[13]

上文講述如何鍛煉各隊之間的間距、進攻防守、追擊撤退等，令士兵熟習按照軍令一致行動，從而達到「鬥亂而法不亂」；[14] 在實戰時，人馬紛紜而陣法不亂，各兵種互相協調，從而發揮最大的戰鬥力。明代以後相關記載更多，戚繼光（1528-1588）《紀效新書》卷 8 更談到作戰所用的各種陣勢，基本要點仍是整齊有紀律；陣法一旦發動，陣內士兵行動一致，長兵器與短兵器之間互相補足，發揮最大的戰鬥力。[15]

上面提到的陣式演練以外，遠古的武舞到國家規模形成之後的田獵和校閱，都重視提升團隊的集體心理和作戰能力。訓練的內涵也隨國家功能的擴大而改變。為紀念戰功，或顯示軍威，朝廷常按時舉行以武為主題的慶典，上述的訓練，一部分失去了寓演於練的作用，變成純粹表演的儀式。原始武舞與原始武術實為一體，舞者手執各種武器，作種種擊刺動作姿勢的演練。周代的《大武舞》描繪周武王伐商紂的情況，由軍隊出征到得勝歸來。舞者的動作。無論四方刺擊、進退攻防、隊形變化等等，都迅速而整齊。[16] 孔子（前 551- 前 479）從中更看到軍容顯示的威儀壯志，[17] 足可感染人心。東周時期，戰爭更為專業化，具有實用功能的動作元素，逐漸從武舞中分離；[18] 武舞成為沒有攻防、技擊含義的表演，是上層社會中廣泛流傳的娛樂節目。大家熟識的「項莊舞劍」，就在達官貴人的晚宴場景下進行。通俗化的劍舞見於漢代的百戲，頗有雜技的風味。[19] 劍舞在唐代得到了極大的發展，取得了很高的藝術成就。[20] 每逢佳節，大小都市的慶祝活動，都有劍舞表演。[21]

至於田獵，自先秦時代已經有備戰的作用，可以在無戰事的時候以此熟練征戰。[22] 例如商代的田獵活動，是有計劃與組織部署，有不同的分工模式，包括：追擊、射擊、設陷阱、圍捕等，以動物作為攻擊的假想敵，和軍事訓練有異曲同工之處。在周代，田獵成為

一種恆常的制度，春、夏、秋、冬都有，田獵過後，便進行祭祀。[23]從秦以後，歷代典籍文獻、文學作品、圖畫，[24]都有記載由皇帝率領的田獵活動。滿洲人以異族入主中原，為了保持驍勇善戰的精神，並且不忘根本，於是廣建圍場，舉行田獵活動，以木蘭圍場最著名。[25]清聖祖愛新覺羅・玄燁（1654-1722）勉勵軍士說：「憚於勞苦，不加訓練，又何能遠至萬里之外，而滅賊立功乎？」[26]他雖知田獵無可避免地耗用資源，但仍然堅持進行，從而達到「寓戰於獵」的效果。[27]

校閱原本與田獵密不可分，到漢代之後才逐漸分開，[28]成為不同朝代檢閱軍隊訓練成果的重要方法。校閱既是檢閱軍容的盛事，又是聯合演練，確保各部隊能協同作戰。以漢代為例，京師有「貙劉」與「乘之」制度，郡國有「都試」制度。「貙劉」本是祭祀活動，漢代皇帝在宗廟前校閱軍隊，讓武官指揮士兵演習戰陣。「乘之」每年十月舉行，漢代皇帝親臨京師操練軍隊戰陣。「都試」是郡國考核、檢視軍隊的制度。[29]但是如果演練的內容過分重視形式，便會失去戰爭的實質功能，馬明達根據馬端臨（1254-1323）《文獻通考》卷 152〈兵四〉所載，看到北宋時期演練已變成有形無實的虛花雜技。[30]明代戚繼光狠批各種「花法」，[31]力圖杜絕。但校閱到清代依然繼續，八旗兵日常訓練步射、騎射、槍炮、陣法等；從分操、合操、會操，到大閱。[32]1656

年始定大閱三年一舉行，後來，康熙、雍正、乾隆等朝多次舉行大閱，且常不以三年為限。[33]

　　至於古代有關士兵個人武藝的要求和鍛煉，我們從文獻中主要看到幾點，包括體能，騎射和兵器。論軍人體能和基本技能訓練的文獻早見於先秦時代。《荀子·議兵》有載：

　　　　魏氏之武卒，以度取之，衣三屬之甲，操十二石之弩，負服矢五十個，置戈其上，冠軸帶劍，贏三日之糧，日中而趨百里，中試則復其戶，利其田宅。[34]

　　武卒要能全副武裝，攜弩帶劍，日夜行軍，所以要身體強健兼且具備多方面的戰鬥技能。齊國選拔士卒的要求如下：「於子之鄉，有拳勇股肱之力，筋骨秀出於眾者，有則以告，有而不以告，謂之蔽才，其罪五。」[35] 意思就是，地方有責任選拔有拳勇的人，身強力壯的人才入伍，違者受罰，重點還在軍士的體能。到了明代，文人何良臣（生卒不詳）總論選用兵士標準，仍是強調品格，體格和膽色，所謂「募非握機，無以合眾；眾非精選，無以得用。所以倏忽而能合千百萬者，必握其機也；以數百卒而能橫行敵境者，善用其命也。善握機，能應變於倉卒；善用命，能出銳於不窮。故募

貴多，選貴少。多則可致賢愚，少則乃有盡善。最喜誠實，獨忌遊閑，不在武技勇偉，而在膽壯精神⋯⋯於是首取精神而有膽，次取膂力而便捷，須二十歲以上，四十歲以下者，三十歲上下者選之」。[36] 個人技藝從來不是提拔軍人所重。只要募得聽話的壯勇，再加適當訓練，就可用於戰場上。

技能培養方面，箭能在遠距離殺傷敵人，騎射配合，能取敵而自保，從商到春秋戰國，都有「以射選士」的制度，[37] 在戰國時稱雄一時的趙國和最後完成統一大業的秦國都以騎射聞名。漢代長久與西域部族對抗，騎兵的角色尤見吃重，騎射成為軍事訓練的主體，射擊兵器包括弓和弩。[38] 同時，馬上兵器也出現變化。劍由於不利於騎兵砍劈，被專用於砍劈的環柄刀代替。漢代騎兵既能馬上用刀奔襲、又能以弓弩遠擊敵人，漢匈之戰取得相當成果，原因在於漢軍「士馬尚強」。[39]

隋唐兩代武備源於府兵制度，訓練內容主要是「習射」。唐代武則天（624-705）於 702 年設武舉制，以鞏固武備及其個人勢力。[40] 觀其選拔內容，仍重騎射，包括長垛、馬射、步射、平射、筒射等，其次是馬上用槍及力量，所以有蹺關、負重、身材等相關體能項目，最後是才貌和言語。[41] 面對以弓馬騎射見長的遼、西夏、金等各朝軍隊，宋代軍士強調「格鬥擊刺」的真刀訓練之餘，也加強騎射訓練對抗。弓弩是宋軍的主

要遠射武器，南宋華岳（生卒不詳）《翠微北征錄》卷7〈弓制〉云：「軍器三十有六，而弓為稱首；武藝一十有八，而弓為第一。」[42] 長兵器的培訓，也和騎術相結合，以槍為主，長幹大刀次之，都講求實藝。[43] 所以，在馬上使槍的訓練中，應設木人為靶，令習者：「左右十刺，得五中木人為及等。」[44] 下章討論的明代著名將領，他們鍛練士兵的方式，還是注重膽色、體能、紀律和各種冷兵器。

第二節
民間武術和民間集體武裝

國家層面的衝突難免要通過戰爭的方式解決，宗族的層面則有機會釀成械鬥，個人則會習武以保身家性命。[45] 然而，傳統文獻對於民間武術的描述，大概只有一些武技概況的陳述、有名氣的習武者和個別地區和群體的習武風氣。明代以前，除了唐宋時代幾段關於少林的記載，近代武術的內容如宗派、源流和套路是少有所聞，至於英雄事蹟卻多見於武俠文學。

春秋戰國是百家爭鳴的文化繁盛期，不同觀點的學派，都略有總結各類武技經驗，例如：

> 若手臂之扞頭目而覆胸腹也。詐而襲之，與先驚而後擊之，一也。（《荀子·議兵》）[46]

> 致萬怒，搏閔公，絕其脰。仇牧聞君弒，趨而至，遇之於門，手劍而叱之。萬臂殺仇牧，碎其首，齒著乎門闔。仇牧可謂不畏強禦矣！（《公羊傳·莊公》）[47]

前者有說是指上打下，一種佯攻的技擊方式；後者是運用雙手，扭斷脖子，甚至擊碎頭顱。當中也有對武技之道進行較深刻論述，如《莊子・人間世》中說道，「且以巧鬥力者，始於陽，常卒乎陰大至則多奇巧」[48]和《莊子・說劍》中記用劍之道當是：「示之以虛，開之以利，後之以發，先之以至」。[49]《吳越春秋》中描述越女關於「手戰之道」的論述，說：

> 其道甚微而易，其意甚幽而深。道有門戶，亦有陰陽。開門閉戶，陰衰陽興。凡手戰之道，內示精神，外示安儀，見之似好婦，奪之似懼虎，布形候氣，與神俱往，杳之若日，偏如騰兔，追形逐影，光若仿佛，呼吸往來，不及法禁縱橫逆順，直復不聞。[50]

《吳越春秋》成書較晚，越女故事本身也帶有神話色彩，但春秋之時吳越一帶是製劍名地，漢代王充（27-97）在《論衡》中提到「劍使之家，鬥戰必勝，得曲城越女之學」，[51]顯見當地有練劍之風，但將諸如開閉、內外、形神等寥寥數語，看成中國武術理念的源頭，似乎過於簡單。

對於練武的名人和群體的論述，也讓我們稍微瞭解到古代練武的風氣。司馬遷（前145-前90）的《史

記・太史公自序》追述其祖先的一支「在趙者，以傳劍論顯」，[52] 即是指民間的私家武技傳授者。以「刺秦王」而著名的荊軻（？- 前 227），《史記》載「荊軻者，衛人也。……荊卿好讀書擊劍」。[53] 漢代著名的「飛將軍」李廣（？- 前 119），「世世受射」。[54] 自春秋戰國起，由於社會動盪導致了階級分化及民間習武之風熾熱，其中出現了一種「以武犯禁」、被稱之為「俠」的特殊社會群體。春秋戰國時的「俠」，在某種觀念支配下，憑藉個人之勇、重諾輕生的氣質，遊走於社會中下層。他們有時會以武技謀生或尋求晉身之道，但有可能落草為寇，部分的「俠」在武藝上狠下功夫，承傳了武技之風。[55]

相較上面一鱗半爪的記載，我們從兵役制度和地方防衛需要，更能看到社會武裝化的景象。上面提到的秦漢以來的軍事訓練和武舉選士都肯定都會助長民間的尚武之風。南北朝的「部曲」，是世家大族或地方豪強，為了防衛或擴大勢力，發展而成的地方武裝。[56] 西魏至初唐一直演變的府兵制，百姓日常務農，農閒接受軍事訓練，「府兵平日皆安居田畝，每府有折衝領之，折衝以農隙教習戰陣」。[57] 民間武術與私人和地方武裝力量之牽涉，尤見於不穩定、動盪的時候。在兩宋時代，當文化精英專心談理學，尚文柔的時候，眾多因素卻驅動武術在民間的發展，令「尚武精神」逐漸轉移到下層社

會。首先，由於外敵伺環，1070 年開始推行保甲法，1079 年，宋神宗（1048-1085）又正式頒佈了《府界集教大保長法》：

> ……總二十二縣為教場十一所，大保長凡二千八百二十五人，每十人一色事藝，置教頭一。凡禁軍教頭二百七十，都教頭三十，使臣十。……三年，大保長藝成，乃立團教法，以大保長為教頭，教保丁焉。凡一都保相近者分為五團，即本團都副保正所居空地聚教之。以大保長藝成者十人裒教，五日一周之。五分其丁，以其一為騎，二為弓，三為弩。府界法成，乃推之三路……。[58]

在保甲制度下，武術由朝廷教頭教授大保長，再由大保長教授保丁；教授內容以運用兵器為主。於是，平民競尚訓練，習武的機會有所增多，[59] 民間武術隨之開展。

在傳統社會，鄉村既是自然經濟發展，亦是宗法制度的基礎，向心力很強。兩宋時代，由於邊患不絕加上社會動盪，鄉民為自保自發結社，演習和傳授武藝，兼且互相幫助。有學者視山東、河北一帶的「棍子社」或「沒命社」（亡命社）為這類型的組織，[60] 但也有學者將

之歸類為有結夥犯罪可能的遊民。[61] 北宋時期，為防禦遼、夏和後來的金，河北、河東和陝西等地農民，自發組織「弓箭社」。[62] 1125 年，弓箭社發展至五百八十多個，弓箭手有二十四萬多人，成為防金侵擾的強大民兵。[63] 南宋初金兵入侵，類似的巡社興起於各地鄉村，宋廷知其效能，乃於 1127 年頒令通行全國，名為「忠義巡社」（又名「忠義社」）。[64] 忠義巡社廣見於山西、河北、河南、山東諸省地，最初目的在自發保護身家，後來有出擊抗金，頗有戰功。

對普羅大眾來說，習武保家衛國並非必需，反而工餘飯後，或者慶節期間，看看武技表演更為賞心悅目。除劍舞之外，角抵、投石超距、扛鼎、蹴鞠等等都逐漸普及。投石超距相當於今天的遠擲、跳遠；扛鼎即是舉重；蹴鞠以足踢圓形的物件。[65] 在宋代的城市生活衍生出以健身娛樂為主要目的的習武團體，如在南宋都城臨安，出現了徒手爭交的「角抵社」、「相撲社」，射弩的「錦標社」，使棒的「英略社」等，[66] 部分有行會的背景。社員背景不一，但都具有一定的技藝水平，他們習武練技，強身健體，娛樂消遣。[67] 源於秦代軍事訓練的角抵，[68] 到魏晉南北朝的時候已普及於民間流，不同地方有定時比賽。[69] 到了宋代，角抵成為深受歡迎的表演活動之一，既有朝廷或民間自辦的比賽，也有商業性質的表演，甚至有職業的男女角抵手出現。例如《夢梁

錄》記：

> 瓦市相撲者，乃路歧人聚集一等伴侶，以圖手
> 之資。先以女數對打套子，令人觀睹。[70]

這種角抵的表演方式，先以女性表演武術套路，然後表演角抵；即是先積累觀眾，以期增加收入的方法成為一種具有商業性質的活動。

第三節
武術與道德修養

今天很少不將武術和身心修養聯繫一起，「止戈為武」更是大家耳熟能詳之說。文獻所載，「止戈為武」最初講的，主要是國家行為，後來不知不覺地被轉化成使用武技的規範。古代文獻講述武藝的文化理想，較多見於貴族的禮儀和教育中。

「武」在甲骨文的造字，由「戈」與「止」組成。「戈」象徵武器，「止」象徵腳趾。「止」作動詞，並非停止之意，而是表示行走、前進之意。故此，「武」的字形，很形象地表達手持武器，前進征伐的圖像。但隨著歷史發展，領導階層嘗試給「武」一種正當性，強調用武要得其所，「止戈為武」被賦予新意義。劃時代的討論見於邲之戰後，楚莊王（？-前591）與其大夫潘黨（生卒不詳）的對話。《左傳‧宣公十二年》記載：

> 潘黨曰：「君盍築武軍，而收晉屍以為京觀，臣聞克敵必示子孫，以無忘武功。」楚子曰：「非爾所知也。夫文，止戈為武。……夫武，禁暴、

戢兵、保大、定功、安民、和眾、豐財者也。故使
子孫無忘其章。」[71]

春秋時期，楚國在楚成王執政的時候，成為南方
強國，並希望進軍中原。然而，在城濮一戰，被晉國擊
敗；晉國成為霸主。到了楚莊王執政，楚國出現空前盛
世，趁晉國內部不穩，進軍中原，在邲擊敗晉軍。從而
引出上述的君臣對話。楚國大夫潘黨建議，效法古代
「京觀」的做法；將敗軍將士的屍體堆積成山丘，以示後
世子孫。可是，楚莊王反對潘黨的建議，認為戰爭的目
的是：禁暴、戢兵、保大、定功、安民、和眾、豐財，
即是禁止強暴、止息戰爭、保有天下、鞏固功業、安定
百姓、和樂大眾、豐富財物。[72] 楚莊王的說法，重新詮釋
了戰爭的目的。戰爭是通過擊敗敵人，達到和平，完成
更高的價值，尤其避免窮兵黷武，使「止戈為武」變為
守護和平的含義。但同樣原則何時進入武術世界卻是難
以稽考。文獻中，我們看到練武培養德性的意涵，也有
庶民社會中，以和為貴的待人處事原則。就是刀口討活
的諸色人等，也事事先讓三分，非不得已不動干戈。[73]

在中國古代部分知識分子的論說中，「武」在國家
層次要達成和平的高遠理想，在個人層次要貫徹人心的
道德涵養，達到以武觀德的效果。古代士用的兩種兵
器，箭和劍，本來用於殺敵，後來卻增加了禮儀和教育

的作用。「射」和禮的關係見於周代《禮記・樂記》記載：

> 武王克殷反商。……車甲衅而藏之府庫，而
> 弗復用。倒載干戈，包之以虎皮；……然後知武王
> 之不復用兵也。散軍而郊射，左射貍首，右射騶
> 虞，而貫革之射息也。[74]

周武王克商後，分封諸侯，裁減軍隊，將兵器收入
倉庫，「散軍而郊射」，將「射」重新定位，成為「郊
射」；即是將具有殺傷力的「軍射」改為「禮射」。雖
然至清末為止，射仍為殺敵的重要手段，但一部分的射
箭活動由軍旅移動到學校裡成為課程之一，同時作為禮
儀訓練的項目。[75]

「射」本來是狩獵的方法，由於具有遠程殺傷的功
用，是冷兵器時代的必備武器。[76] 至於「射」如何與道
德結合，《禮記・射義》有一個清晰的說法：

> 故射者，進退周還必中禮，內志正，外體直，
> 然後持弓審固，持弓審固，然後可以言中。此可以
> 觀德行矣。[77]

就是射者在前進後退、轉身行走都需要符合禮的規
範。[78]「持弓審固」，手握弓箭越穩，命中箭靶的機會就

越高；要能穩握弓箭，須「內志正，外體直」，心與身是同步構成一個整體，身體的外在動態，貫通內在德性。如此，殺敵之武藝轉化為道德的直接展現。

周代的射禮共有四種，[79] 部分射禮難以考究。趙紅紅通過整理大射禮與鄉射禮，道出射禮的主要禮儀結構如下：

> 大射典禮與鄉射典禮的禮儀程式均由前期戒備、射前飲燕、三番射、射後飲燕四大部分組成，諸侯大射典禮程式含有五十一個禮儀節目，鄉射典禮程式含有五十六個禮儀節目。[80]

進退周還，張弓搭矢，與音樂的節湊相符，「射」都融化在整個禮儀結構之中，讓身體展露一種威儀。[81] 習射者掌握當中奧秘，自能提升德性。即使是比賽射藝：「君子無所爭，必也射乎！揖讓而升，下而飲，其爭也君子。」[82]「射」之前，以「揖」這禮儀向對方表達敬意，「射」之後，舉杯對飲。「射」是一種君子之爭，是德性的表現。袁思成指出：「孔子⋯⋯其價值取向實現了從軍事技能向道德完善的轉化。這是中國傳統體育發展過程中一道重要的分水嶺。」[83]

同樣的道德內涵亦見於劍。漢代司馬遷博覽群書，寫成《史記》。在自序提到：

非信廉仁勇不能傳兵論劍，與道同符，內可以
治身，外可以應變，君子比德焉。作孫子吳起列傳
第五。[84]

「論劍」有兩種解釋，一是指劍法，一是指講授劍
刺之術的著作。[85]無論是劍法或「論劍」，都是屬於運
用兵器的範疇。司馬遷認為劍一方面可以應付緊急事
故、一方面可以用於修身。劍法與德性同樣相連，但與
前代有所不同。射禮及日後孔子對射禮的詮釋，是以射
觀德，通過「射」觀察射者的德性。司馬遷的詮釋，是
以劍治身，通過「劍」來提高習者的德性。一種德性之
外化，一種是德性之陶冶。兩種思路雖然不同，但以兵
器作為聯繫身心的構想則一。

用現代的語言來解釋，他們理解的「身體非惟生
物性的肉體，本就是涵孕了身與心、感性與靈性、自
然與價值，及生理、意識與無意識，且在時、空中動態
生成，展現的生命整體」。[86]「射」、「劍」都是兵器，
但都貫通身體和精神發展。這種想法從先秦以來都有繼
承，但卻見於學術討論，不見於武術的相關記載，可能
只是知識分子的文化理想。同時，亦有批評謂，以禮儀
德性為中心的鍛煉和競賽，和體育的本質頗有差別，和
武術的關連更間接。[87]

第四節
武與身體：外與內

　　武術能強身健體，似是不爭之論。常言「外練筋骨皮，內練一口氣」，武術有激烈的肢體運動，當然可以練到「筋骨皮」，但所謂內練「一口氣」是怎麼回事？如何鍛煉？古代醫學經典中的一些線索，諸如「導引」，「精氣神」等等在今天以不同形式被寫進了武術。用今天的語言：「導引氣血的方式有三種，一是藉動作導引，一種是藉呼吸導引，另一種乃藉意念（想像力）來導引自己的精、氣、神。每種方式均有其功效……。」[88]但它們匯通武術的過程，仍有待深入探討。

　　各種導引一直見於古籍，大概屬於醫療範疇，旨在維持健康、抵禦疾病的方法，達到延年益壽的效果；另外，隨著歷史的發展，「導引」在不同層面，也衍生出不同的意義。[89]「導引」在中國有久遠的歷史，有說可以溯源至上古時代。[90]從傳世的文獻而言，「導引」見於《黃帝內經》。《黃帝內經》包括《素問》、《靈樞》兩部分，被視為中醫學的基礎。[91]《黃帝內經·素問》有兩處提到：

中央者，其地平以濕，天地所以生萬物也眾，其民食雜而不勞，故其病多痿厥寒熱，其治宜導引按蹻。[92]

帝曰：病脅下滿氣逆，二三歲不已，是為何病。歧伯曰：病名曰息積，此不妨於食，不可灸刺，積為導引服藥，藥不能獨治也。[93]

前一段指出人由於生存環境和習慣不一，形成體質的差異，治療方法也需要針對差異；「導引按蹻」，是其中一種方式。後一段指針對不同的「奇病」，需要使用不同的方法，「服藥」是方式之一，「導引」也有效用。《黃帝內經·靈樞》記載「……緩節柔筋而心和調者，可使導引行氣」，[94] 尤其適合舉動柔和之人。從《黃帝內經》的敘述，作為治療方法的「導引行氣」，有多種的體現方式，可以是靜態的意念活動，也可以是動態的肢體活動。動態活動的導引，重視肢體運動，但不見得就和武術有關。

不少研究指出在遠古時代，人們模仿飛禽走獸的動作，創造了舒展筋骨的動作，從而改善身體狀況。[95] 莊子的一句名言，被認為是這類動態「導引」的起點：[96]

吹噓呼吸、吐故納新，熊經鳥伸，為壽而已矣。從導引之士，養形之人，彭祖壽考者之所好也。[97]

「吹噓」與「呼吸」同義，指一出一入地吞吐空氣；「熊經鳥伸」形容動作，如熊吊頸、鳥舒展。[98] 這些動作的目的是「為壽而已矣」，即延長壽命。借用葛兆光提出的概念，導引體現了古人對生命的追求以及生存的狀態。[99] 於是，近代學者研究導引在先秦的發展，往往上溯儒家、道家、墨家。[100]

1973 年在湖南長沙馬王堆出土的漢代《導引圖》，是現存最早的動態活動導引彩色圖譜，描繪了四十四個不同的姿態。這些姿態可以分為三類：模擬動物類、專治疾病類、健身與治病結合類。[101] 除了繪圖文物外，導引在秦漢時期還留下了比較具體的文獻記載，《三國志·華佗傳》記載：

> 人體欲得勞動，但不當使極爾。動搖則穀氣得消，血脈流通，病不得生，譬猶戶樞不朽是也。是以古之仙者為導引之事，熊頸鴟顧，引輓腰體，動諸關節，以求難老。吾有一術，名五禽之戲，一曰虎，二曰鹿，三曰熊，四曰猨，五曰鳥，亦以除疾，並利蹄足，以當導引。體中不快，起作一禽之戲，沾濡汗出，因上著粉，身體輕便，腹中欲食。[102]

華佗模仿虎、鹿、熊、猿、鳥五種動物，創出聞名後世的「五禽戲」。這模仿動物的導引，有兩種功能：

一是作為保健的方法，舒展身體、活動關節、達到緩老的效果。一是作為治療的方法，當身體抱恙，通過這種肢體鍛煉，便會覺得輕鬆，並且回復食慾。但是這種動態的導引動作，並沒有攻防含義，很難類推是現代象形拳術的先導。[103] 事實上，現在流行的「象形拳」，模仿虎、鶴、鷹等不同動物，歷史都不過兩三百年。

　　無論動態和靜態的導引，目的都是鞏固或者加強人體內的能量，但亦有借用外力者。先秦時代講的是求仙藥，奇藥不得，乃轉而煉丹。從相對的角度而言，草木與礦物相對於人體為外；人體自身的元素相對於草木與礦物為內。煉丹，若為「外丹」，主要以草木與礦物練成強身延年的藥物。服丹有一定的風險，唐代不少皇帝，例如太宗（598-649）、憲宗（778-820）、穆宗（795-824）、敬宗（809-827）等，都有服食丹藥，部分更不幸中毒而死。講求自身修煉的內丹乃逐漸興起，而唐代是外丹轉向內丹的重要轉折，[104] 更與行氣，導引和房中術混為一談。東漢魏伯陽（生卒不詳）的《周易參同契》以周易象數學的卦爻作符號，以日月運行的規律作理論框架，以煉丹爐火的礦物反映作模型，論述一套陰陽交感、男女合氣的方法。[105] 葛洪（283-343）的《抱朴子・內篇・微旨》稱：

　　　　知玄、素之術者，則曰唯房中之術，可以度世

矣；明吐納之道者，則曰唯行氣可以延年矣；知屈伸之法者，則曰唯導引可以難老矣。知草木之方者，則曰唯藥餌可似無窮矣。[106]

然而，內丹雖然不斷發展，但其部分用語，還是沿襲外丹詞彙。戈國龍指出：

> 道教內丹學借用了外丹燒練的一套言語，以「鼎爐」、「藥物」和「火喉」為內丹學三要素，鼎爐主要是指人身及其部位，藥物指人身三寶「精、氣、神」，火喉指意識和呼吸的控制和運用。[107]

所以提煉「精氣神」，四肢百骸自得健康。元代陳致虛（1290-？）的《金丹大要》說：

> 精氣神……故虛化神，神化氣，氣化精，精化形，形成人。何謂逆？……知此道者，怡神守形，養形煉精，積精化氣，煉氣合神，煉神還虛，金丹乃成。[108]

內丹的用語、論述、概念，遲至明代才慢慢被引入至武術的世界，畢坤（生卒不詳）的《渾元劍經》有「精神氣血解」；在此之前，武術文獻及其他習武者，卻少有相關討論。

第五節
武俠的奇幻境界：文學與法術

　　各種暴力行為無日無之，平常人的格鬥未必可觀，也往往在一剎那之間結束，但若經文字的潤飾和再造，往往能令人神往。同樣地，兩兩相當的較量，勝負難料。人的體質有其限制，持之以恆的鍛煉當然能提升武技，但希望有超自然力量支持，好能開山劈石，戰無不勝，亦屬人之常情。上述兩種因素，一為武俠文學，二為奇幻法術，都在明代之前普及於民間，影響尤見於民間武術。

　　武俠文學，說武亦論俠，一般溯源至先秦諸子的論述和《史記‧遊俠列傳》等「各種形式的紀武之文」。[109] 它們給予後來的武俠文學重要的素材。首先，俠的內涵是一種氣概，可以見諸武功，亦可見於日常生活和人際關係，即重信、利他、報恩、輕生等等。俠獨來獨往，有雖千萬人吾往矣之豪氣；身體力行，義無反顧，所以一旦訴諸武力，難免「以武犯禁」。也因此，俠有時會超越了主流價值和法制禁忌。取材自《史記》荊軻事跡的〈燕丹子〉就在短短一個故事，包含了上述

的各種元素。話說燕太子丹（？-226）作質於秦，飽受欺凌，密謀報仇。太子丹後來覓得勇士荊軻，乃誠心滿足其要求，荊軻受太子丹感動，毅然刺秦王，最後失手被擒身死。[110]

但道家的思想的滲入和魏晉的奇談怪說卻令唐代以後的武俠小說多了談玄說怪的內容。道家崇尚自然，追求個性和無視禮制的人生觀本身合於俠的氣質，而道家內求生命本質的探索，有哲學也有上述求「內丹」，精氣神的層次，容易走進「仙俠」一途。[111]魏晉南北朝年間，佛學勃興，道、佛等形而上理念，通俗化後部分成為玄怪之說，滲入武俠小說之後，如《干將莫邪》、《謝允》和《北丘尼》等的主角都能用神奇之技行俠，《李寄》和《周處》也有神怪經歷的內容。

唐代無論筆記小說和傳奇都繼承了秦漢以來的俠義描述和魏晉以來的武術怪志傳統，在獨有的土壤，更發展出影響深遠的武俠小說品種。[112]唐代在分裂中重歸統一，李氏流著西域民族剽悍好戰的血液，承平之世穿插著安史之亂、藩鎮割據的血鬥；另一方面繁盛的都市生活吸引了大批跑江湖、玩雜耍的中外人士來討生計，武藝雜技，真真假假的，混入了大家的生活，也豐富了文學的內涵。[113]由是，筆記小說中出現挾技馳騁江湖之奇人異事，主持公道之俠義；傳奇之中亦有飛簷走壁的俠客（《崑崙奴》），深藏不露的女俠（《車中女子》），

神通廣大的尼姑（《聶隱娘》）。它們的故事、橋段、武藝、經歷都成為後世武俠小說的藍本。但武俠小說的熾熱和深入民心，反過來令讀者對武術有不切實際的想像。

巫與武的關係千百年來難解難分。這裏不是詳細討論巫術定義和內涵，或者中國巫術史的地方。簡單說，直到今天，就算科學如此昌明，仍然有不少人相信有一種超自然的力量在支配千變萬化的大自然，「人類為了生存便憑借著對大自然的一些神秘與虛幻的認識，創造了各種法術，以期能夠寄託和實現某些願望，這種法術就叫巫術」。[114] 這些「對大自然的認識」，可能來自傳統、臆想、有限經驗的類推，而具體行動是利用器物和儀式如符咒或祭典來達成目的和願望。巫術的實用性，在群體層次的，求豐收戰勝；在個人層次，求趨吉避凶，姻緣事業。相對以上稱為白巫術的，黑巫術旨在傷害敵人仇家，相當邪惡可怕。

古代舞與武不分，同樣舞、武和巫術亦連成一氣。研究指出無論中外，原始時代的戰爭之前，祭祀、將領和戰士都會進行一連串的儀式：「巫師常手持刀劍一類的法器，模擬征戰，驅鬼辟邪而呈現狂舞狀態。武者亦即巫師，動作跳躍不止，以至於大汗淋漓，呼聲和動作都很吃力，常有力竭而倒，口鼻流血的情況。」[115] 這些儀式，既求神顯靈，保佑軍隊旗開得勝，凱旋歸來，

同樣亦寓武於演，將一些武術鍛煉混入其中。[116] 到信史時代的中國，軍事走向專業化，武舞亦逐漸分離，但祈福求雨、求收成，以至求軍隊神勇的觀念和儀式仍然持續。《漢書·匈奴傳》有載匈奴巫師用巫術阻擾李廣利（？-前 89）大軍。[117] 皇帝亦常人，儘管享盡權力和富貴，生活亦有不如意事，為求扭轉乾坤，訴諸巫術亦在常情之中。西漢著名的巫蠱之案就是著名例子，就算梟雄如曹操（155-220），亦有篤信巫術的一面。[118]

為天子大將尚且如此，普通人民又豈會排拒巫術。民間求子、求財、求姻緣俱用巫術儀式，大型的武裝鬥爭亦需要寄託超自然力量，一方面強調起義是順應天命，另一方面藉助神力。所以陳勝（？-前 208）、吳廣（？-前 208）起義還得裝神弄鬼，王莽（前 45-23）篡漢也要上演幾幕天降符瑞。黃巾起義，張角（？-184）、張寶（？-184）和張梁（？-184）分別稱為「天公」、「地公」、「人公」將軍，取材天、地、人三材，掌握萬物運勢。黃巾最終敗亡，但之後的五斗米道，同樣自稱有法力，能通鬼神，法術和武鬥混為一談。如此傳說，成為日後秘密組織的強大文化資源，習武、抗爭和巫術難解難分。[119]

第六節
小結
——

　　武力和武術處處見於明代以前的中國社會，但文士階層所載，沒有我們印象中，一體性的武術系統。因應國防治安需要，士大夫出謀獻策、記錄軍事行動、歸納經驗以至建立軍事理論。行軍佈陣的謀略、協同作戰的訓練和騎射步戰的應用等等，充實了軍旅武術的內容。求長治久安而不欲逞一時之勇，所以管治精英講武，也希望以道德支配武力。在國家層面，是要規範和制約武力；在個人層面，要在武之中求一種德性的境界，身體上的全面發展。另一方面，從古到今，武術都在民間發揮自衛和娛樂的作用。古代的俠客、地區的武術組織以至江湖賣藝人，都讓武術在民間一直保存活態。但零碎的記載，卻無助我們理解軍旅和民間武術的互動。明代之前，我們無法詳細辨清一些我們以為年代久遠的門派的源流。

　　士大夫的期盼，和爭逐沙場的兵將，刀口過活的基層武夫大概不同。文獻所載，更是各有發展軌跡。總體而言，從有限的文獻中我們看到軍旅武藝，民間武術和身心修養這些元素在古代中國的存在和盛行，卻無法看到他們的互相滲透和一體概況。

注釋

1　李吉遠、謝業雷：〈明代武術的發展：基於武術古籍的研究〉，《體育學刊》卷 22 期 1（2015），頁 113。

2　余水清：《中國武術史概要》（武漢：湖北科學技術出版社，2006），頁 16。

3　周偉良：《中國武術史》（北京：高等教育出版社，2003），頁 5。

4　Michael S. Neiberg, *Warfare in World History* (London: Routledge, 2001), p.2.

5　「狹義上的兵家指的是我國先秦時代尤其是春秋戰國至西漢初年以研究軍事問題為中心，廣泛涉及與之相關的各種問題的學術流派，是當時諸子百家中的一家。廣義上的兵家包括了中國古代專門研究軍事問題的學者或有軍事著述的將領，其含義類似於現代人所說的軍事理論家或軍事學者」，詳見張少瑜：《兵家法思想通論》（北京：人民出版社，2006），頁 3。

6　班固編撰，顧實講疏：《漢書藝文志講疏》（上海：上海古籍出版社，1987），頁 196-205。

7　趙國華：《中國兵學史》（福州：福建人民出版社，2004），頁 250-253。

8　陳國慶在《漢書藝文志注釋彙編》中，對於習手足，便器械，積機關，援引姚明輝《漢志註解》的解釋，「習手足，如手搏、蹵鞠是。便器械，如射、弋是也。積機關，如連弩是也」。詳見陳國慶編：《漢書藝文志注釋彙編》（北京：中華書局，1983），頁 198。射、弋由人手操作，近於兵器；連弩固然由人手操作，而重點在於連弩的製作與使用，還包含了機械，故近於機關。關於中國兵器史可以參考周緯：《中國兵器史稿》（北京：生活・讀書・新知三聯書店，1957）。

9　姚振宗：《漢書藝文志條理》〈兵書略卷四〉，https://archive.org/stream/02091099.cn#page/n38/mode/2up，2020 年 5 月 10 日查閱。

10　王紅旗：《談兵說陣：中國古代陣法趣談》（北京：解放軍文藝出版社，1992），頁 43。

11　陳奇猷校釋：《呂氏春秋校釋》（上海：學林出版社，1984），頁 441。

12　薛連璧、張振華編：《中國古代軍事教育史》（北京：國防大學出版社，1991），頁 19-39。

13 鄔錫非注釋：《新譯李衛公問對》（台北：三民書局，1995），頁 62。

14 同上，頁 23

15 戚繼光：《紀效新書》，《四庫兵家類叢書（三）》（上海：上海古籍出版社，1990），頁 540-561。

16 王文錦譯解：《禮記譯解》（北京：中華書局，2003），頁 544-545。

17 同上，頁 555-556。

18 張純本、崔樂泉：《中國武術史》（台北：文津出版社，1993），頁 70。

19 張濤：〈淺析西漢時期劍舞發展及其樂舞思想〉，《作家》期 10（2013），頁 209-210。

20 沈樂群：〈唐代劍舞考析〉，《體育文化導刊》期 6（2015），頁 168-171。

21 余建華：〈唐代劍舞的歷史發展溯源〉，《蘭台世界》期 36（2012），頁 63-64。

22 劉笑野：〈《周易》田獵習武的軍訓觀〉，《周易研究》期 1（2010），頁 75-79。

23 楊天宇：《周禮譯注》（上海：上海古籍出版社，2004），頁 417-423。

24 馮國超：《中國傳統體育》（北京：首都師範大學出版社，2005），頁 282-287。

25 羅運治：《清代木蘭圍場的探討》（台北：文史哲出版社，1989），頁 1-7。

26 《清實錄（冊 6）》，《聖祖實錄（三）》（北京：中華書局，1985），頁 891。

27 田獵具有多種功能，除了軍事外，還包括政治、經濟、歷史文化、宗教與藝術等不同向度，詳見羅運治：《清代木蘭圍場的探討》，頁 193-270。

28 李發、喻遂生：〈商代校閱禮初探〉，《西南大學學報（社會科學版）》期 4（2012），頁 142。

29 赫治清主編：《中國軍事制度史（軍事教育訓練制度卷）》（鄭州：大象出版社，1997），頁 64-67；劉鳴：〈先秦秦漢的軍事訓練及其實踐問題探究〉，《重慶師範大學學報（哲學社會科學版）》期 2（2019），頁 11-18。

30 馬明達：《說劍叢稿》（北京：中華書局，2007），頁 17

31 戚繼光：《紀效新書》，頁 492-493。

32 赫治清主編：《中國軍事制度史（軍事教育訓練制度卷）》，頁 200。

33 同上，頁 206-207。

34 何志華、朱國藩、樊善標編著：《荀子與先秦兩漢典籍重見資料彙編》（香港：中文大學出版社，2005），頁 135。

35 《管子‧小匡》，《中國哲學書電子化計劃》https://ctext.org/guanzi/xiao-kuang/zh?filter=537504，2020 年 7 月 11 日查閱。

36 何良臣：《陣紀》，《四庫兵家類叢書（二）》（上海：上海古籍出版社，1990），頁 676。

37 許友根：《武舉制度史略》（蘇州：蘇州大學出版社，1997），頁 2-3。

38 薛連璧、張振華編：《中國古代軍事教育史》，頁 62-64。

39 司馬遷：《史記》（北京：中華書局，2006），卷 111〈衛將軍驃騎列傳〉，頁 2935。

40 許友根：《武舉制度史略》，頁 7。

41 同上，頁 14-16。

42 楊學為總主編：《中國考試通史》（北京：首都師範大學出版社，2004），卷 2，頁 222。

43 李燾：《續資治通鑑長編（冊 10）》（北京：中華書局，1995），卷 132，頁 3152-3153。

44 同上。

45 民間著名的族群械鬥，近代要數土客之爭，詳見劉平：《被遺忘的戰陣：咸豐同治年間廣東土客大械鬥研究》（北京：商務印書館，2003）。

46 王先虛撰，沈嘯寰、王星賢點校：《荀子集解（下）》（北京：中華書局，1988），頁 267。

47 王維堤、唐書文撰：《春秋公羊傳譯注》（上海：上海古籍出版社，2004），頁 130。

48 陳鼓應：《莊子今注今譯（上）》（北京：中華書局，2001），頁 123。

49 同上，頁 807。

50 趙曄著，苗麓點校：《吳越春秋》（南京：江蘇古籍出版社，1986），頁 126-127。

51 王充著，蕭登福校著：《新編論衡（中）》（台北：國立編譯館，2000），頁 1191。

52 司馬遷：《史記》，卷 130〈太史公自序〉，頁 3286。

53   同上，卷 86〈刺客列傳〉，頁 2526-2527。

54   同上，卷 109〈李將軍列傳〉，頁 2867。

55   詳細的討論，見汪涌豪：《中國遊俠史》（上海：復旦大學出版社，2001）。

56   國家體委武術研究院編纂：《中國武術史》（北京：人民體育出版社，1996），頁 107。

57   馬端臨：《文獻通考（冊下）》（北京：中華書局，1986），卷 151〈兵三〉，頁 1320。

58   脫脫等：《宋史》（北京：中華書局，1977），卷 192〈兵六〉，頁 4770。

59   聞鈞天：《中國保甲制度》（上海：上海書店，1992）。

60   周偉良：《中國武術史》，頁 60-61。

61   蔡松林：〈宋代的遊民問題研究〉，中國文化大學文學院史學系博士論文，2014，頁 81。

62   黃寬重：《南宋時代抗金的義軍》（台北：聯經出版公司，1988），頁 55。

63   習雲太：《中國武術史》，頁 121。

64   黃寬重：《南宋時代抗金的義軍》，頁 56。

65   李建民：《中國古代遊藝史：樂舞百戲與社會生活之研究》（台北：東大，1993），頁 108-119。

66   周偉良：《中國武術史》，頁 61。

67   余水清：《中國武術史概要》（武漢：湖北科學技術出版社，2006），頁 96。

68   李建民：《中國古代遊藝史：樂舞百戲與社會生活之研究》，頁 108-110。

69   郭憲偉：〈中國雜技演變之探討〉，《國立體育學院論叢》期 4（2007），頁 15-24。這篇論文扼要地討論了角抵的歷史流變。

70   孟元老等：《東京孟華錄‧都城紀勝‧西湖老人繁勝錄‧夢梁錄‧武林舊事》（北京：中國商業出版社，1982），頁 180。

71   楊伯峻編著：《春秋左傳注（二）》（北京：中華書局，2005），頁 744-746。

72   郁賢皓、周福昌、姚曼波注譯，傅武光校閱：《新譯左傳讀本（中）》（台北：三民書局，2002），頁 684-688。

73   王廣西：《功夫：中國武術文化》（台北：知書房出版社，2013），頁

219-244。

74　王文錦譯解：《禮記譯解（下）》，頁 555。

75　馬明達：《說劍叢稿》，頁 1-2。

76　張純本、崔樂泉：《中國武術史》，頁 71。

77　同上。

78　同上。

79　大射禮、賓射禮、燕射禮、鄉射禮。

80　趙紅紅：〈試論先秦射禮的產生和形成〉，《江南大學學報（人文社會科學版）》期 2（2010），頁 62。

81　關於儒學的身體觀，參考楊儒賓：《儒家身體觀》（台北：中央研究院中國文哲研究所籌備處，1990），頁 15-21。

82　楊伯峻譯注：《論語譯注》，頁 25

83　袁思成：〈論孔子武藝觀〉，《體育文化導刊》期 6（2009），頁 111。

84　司馬遷：《史記》，卷 130〈太史公自序〉，頁 3313。

85　金德建：〈《太史公自序》中「劍論」釋〉，《史林》期 1（1986），頁 85。

86　周與沉：《身體：思想與修行 —— 以中國經典為中心的跨文化觀照》（北京：中國社會科學出版社，2005），頁 4

87　許義雄、徐元民，《中國近代學校體育（上）：目標之發展》（台北：師大文苑，1999），頁 40。

88　台灣養生保健學會：「什麼是「導引內功」呢？」，https://www.tshp.eorz.net/ 養身農田 / 內功導引講座什麼是「導引內功」呢？2021 年 5 月 24 日查閱。

89　李文鴻、戴國斌、呂思泓：〈從祛病到象徵：古代導引術的歷史演進〉，《山東體育科技》期 2（2013），頁 17-20。

90　芳笙山人：《中醫導引術》（香港：紅出版，2006），頁 10。

91　劉越：〈前言〉，《圖解皇帝內經靈樞》（台南：大孚，2008），頁 1。

92　王洪圖主編：《內經》（北京：人民衛生出版社，2000），頁 498。

93　同上，頁 637。

94　劉越：《圖解皇帝內經靈樞》，頁 438。

95　張純本、崔樂泉：《中國武術史》，頁 17-21。李文鴻、戴國斌、呂思泓：〈從祛病到象徵：古代導引術的歷史演進〉，頁 17-20。劉樹軍、王苑苑：〈仿生與古代養生的起源〉，《武漢體育學院學報》期 1（2001），頁 67-69。

96　劉樹軍、王苑苑：〈仿生與古代養生的起源〉，頁 67-69。邵玉萍：〈中國傳統「動形養生」文化源流〉，《湖北體育科技》期 9（2014），頁 755-756、762。

97　陳鼓應注譯：《莊子今注今譯（中）》，頁 393。

98　同上，頁 394-395。

99　葛兆光：《中國思想史（卷一）》（上海：復旦大學出版社，2009），頁 131-132。除了導引，葛兆光在著作中還指出占夢、招魂、服食、房中等，都涉及到古人對生命的追求。

100　張榮明：《中國古代氣功與先秦哲學》（台北：桂冠，1992）。

101　樊賢進：〈馬王堆《導引圖》部分功法淺析〉，《安徽中醫雜誌》期 5（2002），頁 345-346。

102　陳壽撰，裴松之注：《三國志》（北京：中華書局，2006），卷 29〈華佗〉，頁 804。

103　「這些模擬動物形象的術式一旦與武術中的攻防動作相結合，也就具有後世『象形類』拳術中的套路雛形」。見張純本、崔樂泉：《中國武術史》，頁 134-135。

104　胡孚琛、呂錫琛：《道學通論：道家‧道教‧丹道》（北京：社會科學文獻出版社，2004），頁 537-538。

105　同上，頁 534。

106　陳飛龍註釋：《抱朴子內編今註今譯》（台北：台灣商務印書館，2001），頁 229。

107　戈國龍：《道教內丹學探微》（成都：巴蜀書社，2001），頁 8。

108　陳致虛：《金丹正理大全金丹大要》卷 10，四庫全書存目叢書編纂委員會編：《四庫全書存目叢書‧子部二五九》（台南：莊嚴文化事業有限公司，1995），頁 239-240。

109　徐斯年：《俠的蹤跡——中國武俠小說史論》（北京：人民文學出版社，1995），頁 19。

110　〈燕丹子〉乃佚名作品，估計是漢代作品，原文今載於各大網站。

111　徐斯年：《俠的蹤跡——中國武俠小說史論》，頁 15。

112　羅立群：《中國武俠小說史》（瀋陽：遼寧人民出版社，1990），頁 14。

113　王海林：《中國武俠小說史略》（太原：北岳文藝出版社，1988），頁 15-21。

114　高國藩：《中國巫術史》（上海：上海三聯書店，1999），頁 1。

115　譚廣鑫：〈原始武舞與巫術交融的武術萌芽狀態〉，《體育科學》期 4（2019），頁 82。

116　同上，頁 83。

117　高國藩：《中國巫術史》，頁 139。

118　同上，頁 210。

119　劉平：《文化與叛亂 —— 以清代秘密社會為視角》（北京：商務印書館，2002），第 1 章。

第三章

◆

武林盛世

明代以前，關於武術的文獻記載零碎而且相對稀少，上章提到的幾個領域，是我們粗略整理出武術體現在國家、社群、公共衛生和文學的形態，呈現不到一個完整的論述，和後世理解的也頗有距離。比較來說，明代之後各式的武學著作和民間傳說大量增加，當中不乏來自文武兼通的學者手筆，教人感受到盛極一時的武林風貌。因此，鮮有中國武術史不把明代視為中國武術「極高」、「極盛」的黃金時代。李吉遠的《明代武術史研究》形容，「中國武術發展也在明代步入成熟時期，形成了一套完整的中華武術文化體系……」，[1] 也連隨著作如《紀效新書》和《耕餘剩技》的出現，各家和各種兵器的普及，「顯現出明代中國武術的體系日趨成熟與完備」。[2] 王鴻泰更指出，明中葉以後談兵論武不僅是武夫的營生之道，更是宮廷以至士大夫社交圈的風尚。魯大維（David M. Robinson）對明代皇帝仍然對各種展示武藝的儀式樂此不疲有精彩的解說：「統治權不是抽象地存在，而是需要展示的。明代的君主通過政

治決定、軍事行動、下詔和軍事演練來展示統治權。」[3]
上行下效之下，如號稱允文允武的大儒王守仁（1472-
1529）學兵法、善騎射，交遊武林同道，同時期以至之
後的文人亦樂談武事，流風所至，真真假假的奇能異士
充斥巷里。[4] 其實，明代給予人武術盛世的印象，原因
極為複雜。有武力自然會發展出武術，深淺寬窄也許不
一，是否呈現在我們眼前，看有多少識字人士有心記
載。明代發展地方防衛，加上好武文人的熱誠記錄，民
間武術的一些狀況得以見諸文字。但可見的武術面相，
和我們的認知仍有距離。清代武術大盛於民間，但其形
態卻又不能都持續到近代。

第一節
明代的軍事需要

　　蒙古人以外族入主中原，為防漢人謀反，禁民間集
武。元朝的強力管治八十載後無以為繼，覆滅於它力圖
抑制的民間武力。同樣在馬上得天下，大明朱氏無時
無刻不在備戰防患的氣氛中，朱元璋（1328-1398）征
戰多年始削定群雄，將蒙古人逐回漠北。他於 1368 年
即位南京，建元洪武，是為太祖。但太祖在 1398 年駕
崩，燕王朱棣（1360-1424）不滿皇太孫繼承，引發持
續近三年的靖難之戰。燕王戰勝，定都北平，之後六次
北征塞外諸族，以固國本，戰事從 1409 年持續至 1424
年，局面才告穩定。但未幾元朝殘部分裂為韃靼和瓦
剌，二者勢力時有消長，分別威脅北疆近百年。瓦剌
於 1449 年造成的土木堡之變對明朝打擊尤深。[5] 它們和
早於嘉靖年間（1522-1566）肆虐東南沿岸的海賊，形
成所謂「北虜南寇」的局面。明初即有海禁，嘉靖帝
（1507-1567）堅決執行，以至以海為生者難以存活，乃
從事非法走私以至武裝擄掠。他們和日本水手和浪人、
東來開發商機的歐洲人匯合成一股竄擾不定的力量。利

字當頭，他們在政府指定的範圍以外營生。在那個時代，亦商亦盜，訴諸武力，亦是平常事。州縣政府奉命肅清，引發一直延續到清初的鬥爭，加添治安、管理和財政的壓力。[6]

除了外患，明代社會自十六世紀已經瀰漫著不安的氣氛，氣候的變化和生計的緊迫，讓越來越多平民迫不得已，鋌而走險。實則明中葉以後，就陷入治安不靖，亂事不絕的局面。嘉靖至萬曆年間（1522-1620）的失業礦工落草為寇，於粵東的西江和東江流域參與劫掠，長期與官府對抗即為一例。[7] 就是京師一地，天子腳下之地，亦是盜賊如毛。當中有聯群結黨，仗武欺人，魚肉鄉里者；亦有和管治階層互相合作，搜刮民脂民膏者；更有因境況不佳，逼上梁山的普羅民眾；更甚者是有軍事訓練，但不耐行伍生活苦困的軍兵，走上刀口討活之路。魯大維的另一個研究指出，明中葉京師附近通道水路都為盜匪把持，養給皇室的物資亦常遭攔途截劫。[8] 中央不時下旨剿匪，但效果並不顯著。

面對內憂外患，明朝廷和地方官府均大感頭痛，問題是明初以來建立起的衛所制度卻早已崩壞，更甚者為，衛所骨幹的軍戶紀律廢弛，甚至為求生計，加入各路流賊。明代的衛所，研究已多。[9] 在軍制而言，明代衛所可溯源於唐代兵制。明初全國廣建衛所，從京師到郡縣，有京營、留都、腹內衛所和邊兵的不同名號，它

們駐地和防務不一，但總體而言，「……世襲、軍戶、屯守合一是這一制度的關鍵詞」。[10] 軍戶得寬免各種徭役，但得到遠離家鄉的衛所服役，家人亦得同行。至於邊遠地區的衛所，則由謫邊之民，或新近歸順之民充實。在建國之初，版圖剛定之時，衛所亦發揮屯田和地方民政之效用，在剛攻佔的土地上，收納「無籍之徒」為軍戶，「不僅消除了地方上的豪強勢力，而且使這些人成為國家的第一批編戶」，有利軍事佈置和地方管理。[11] 軍戶或守城，或屯田，分工清晰，守備兼具。各地衛所因應地形和防衛所需建設，浙江海濱六府建立起嚴密的防禦堡壘，「很明顯更偏重於海防」。[12] 這種制度確保軍源不絕，但最後亦以失敗告終。究其原因：首先，軍戶無正式退役的年齡，1427 年初才考慮讓年滿七十歲者退役，但人死子孫仍得繼承，深受其苦，逃亡的事件日漸普遍。其次，衛所軍官暴虐，克扣日糧，更令軍士難以存活，逃亡之動機更強。再者，豪民佔據軍屯情況一直存在，軍戶生活更為困難。[13]

政府為補充衛所，自洪武已有所謂「清勾」的做法，求「清理軍伍、勾捕軍丁」。宣德（1426-1435）之後有所謂清軍御史專主其務。但「清勾」效能不理想，更令清軍御史掌握大權，威脅民眾。欲免軍役者，則乘時賄賂，「清勾」成為弊政。[14] 衛所制度失效，政府無軍士對應內憂外患，惟有徵調不常設的兵，[15] 如民

壯、鄉兵和土兵幾類頂替。民壯是地方為應急之需招募成伍的部隊，如 1449 年土木之變後就有徵各方民壯做預警之用。加入民壯者，可享免戶丁雜役，並有物資回報。鄉兵是因應風土，自組而成的守護隊伍，土兵則是西南等少數民族的地方武裝，因應朝廷徵召加入征伐隊伍，戰事結束就回歸地區。鄉兵和土兵等同募兵，補充衛所，不締為權宜之計。但募兵來自不同地區，訓練需時，耗用資源不少，至晚明國底日絀，募兵亦無以為繼，同時造就擁兵自用者。[16]

第二節
再讀明代武術典籍

　　明中葉至明清之交的一批武學著作，也在這治安和國防需要下產生。我們可大概將這些作品分成兩類。其一是鄭若曾（1503-1570）的《江南經略》、唐順之（1507-1560）的《武經》和戚繼光的《紀效新書》等，另一類如程宗猷的（1561-?）《耕餘剩技》，前者是軍事類型作品，後者是個人的鍛煉修為和武學見聞，但都不能展現一幅武林全景。

　　鄭若曾、唐順之和戚繼光都是將領或軍事幕僚，他們都有一定的文史和地理知識，任務是處理東南海岸的種種非法活動和武裝鬥爭。衛所制度不堪應用，招募而來的不同武裝力量又得重整，他們為防務出謀獻策，寫出來的幾本作品有非常完整的軍事視覺。歷史方面，參考典籍和以往戰例，檢討行軍佈陣的得失；地理方面，詳論東南地區的地形險要，從而發展適切的佈置；選材方面，建議提拔培訓將士，組織來自五湖四海的兵種的方法；在實戰層次，籌辦糧草，鑄兵器，設計運輸路徑，訓練兵士技藝等，一應俱全。關於武術的章節顯然

不是核心部分。

以鄭若曾《江南經略》為例，全書共八卷，研究者好以卷 8 上〈雜著・兵器總論〉所述，有大江南北各家武術，如使槍之家十七，包括楊家三十六路花槍、馬家槍、金家、張飛神槍等等；使刀十五家，曰偃月刀、雙刀、鉤刀等；另有使劍、弓弩、使棍、使雜器械、使鈀、馬上器械、拳家等。但以上論述，佔全書極少部份，而且全文原意是因為時人畏懼日人之刀法，實則「不知中國武藝不可勝，紀古始以來，各有專門秘法，散之四方，若招募得人，以一教十，以十教百，即刀法一藝，倭不足以當」。[17] 所以只要「教師相傳，各臻妙際，為將者擇兵士，資之所近，心之所好而教之，或專習一藝，或兼者群藝，藝超於百人者推為百人之師，超千人者推為千人之師，超於萬人者推為萬人之師，有不戰，戰必勝矣」。[18]《江南經略》之全書題旨，是重整地方防務，所以首六卷聚焦受倭患至深地區如上海、嘉定、太倉、常熟等地的地形和民風，再談選兵、治兵、作戰之法，另有和、戰、博弈之謀略，相反軍士武藝的討論僅一鱗半爪。從上述引文所見，我們大概可知明代有各種武術流傳，官家認為可用於士兵訓練的教程。但各家武藝之內涵和承傳，卻未得詳述。這些所謂名家，大半之後亦無記載，無以追溯其影響力。

唐順之的《武編》亦然，全書分前後集，各有六

卷，前集六卷論將士質素、戰守攻防大要、陣勢和應
變、各類兵器等等；後六卷談治兵之法和戰場上之謀
略。前集卷五有論各種兵器，側重戰場上所用的兵器如
牌、弓、弩、槍、馬戰兵器等。論拳一節，提及溫家
長打、趙太祖長拳、山西劉短打等，而論溫家長打最
詳。[19] 但如《江南經略》一樣，個人武藝並非重心，各
種武藝之來龍去脈亦無詳盡交代，更無後人所說的傳奇
故事和奇幻內涵。同時代的俞大猷（1503-1579），其
名著《劍經》收入兼有〈鎮閩議稿〉、〈洗海近事〉和〈平
倭〉等海防作品的《正氣堂餘集》，當中有談棍術、劍
術和戰陣，「即軍事技術和戰術」。[20]

　　後世傳頌，戚繼光的《紀效新書》，在相同的處
境，近似的軍事需要之下寫成，全書 14 卷，後增至 18
卷。為了建立起一支可以抗賊的隊伍，戚繼光綜合前人
經驗和個人心得，訂下了選兵和練兵要旨，首九卷確立
選兵要旨，鍛鍊士兵體能的法門，戰陣的分析，圍攻交
鋒之法，協同訓練和行營的步驟等。卷 10 開始談兵器
之效用，但特重在戰場的使用，所以雖聞沙家、馬家、
楊家之法，更知梨花槍名動天下，但是，「施之於行
陣，則又有不同者，何也？法欲簡，立欲疏，非簡無以
解亂分紏，非疏無以騰挪進退，左右必佐以短兵，長短
相衛，使彼我有相倚之勢，得以舒其氣，展其能，而不
至於奔潰」。[21] 可見戚繼光瞭解大名鼎鼎的門派武藝，

亦未必適用於戰場。

被視為武術研究重要素材的〈拳經〉，只佔《紀效新書》原十四卷的最後一卷，卷首更寫明，「此藝不甚預於兵，能有餘力則亦武門所當習。但眾之不能強者，亦聽其所便耳，於是以此為諸篇之末，第十四」，[22] 顯見正急求練兵之法的戚繼光，並未重視拳法的實效。所以，正文首段的一說話，意義更為清晰：「拳法似無預於大戰之技，然活動手足，慣勤肢體，此為初學入藝之門也，故存於後以備一家。」[23]〈拳經〉縱有提及溫家、宋太祖長拳、猴拳、楊氏槍法、少林寺棍法等等，但論述未見比前人豐富，而且在綜合討論之處，亦重申練武器之前，「莫不先由拳法活動身手，其拳也為武藝之源。」[24] 可見若以〈拳經〉為明代各大拳派之重要記錄，則未免有誇大之嫌。

至於討論個人習武經歷和心得的作品，如程宗猷的《耕餘剩技》，討論至深的仍然是軍事武藝如弓、弩和槍，不單涉及做弓製箭的各種材料法門，更詳述引弓發弩之術，戰場上弓弩配合槍、刀和行陣更是一大重點。論刀的部分，相當強調和倭刀的對抗，當中一段道出鍛鍊套路的盛行：

> 以前刀法著著皆是臨敵實用，苟不以成路刀勢，演習精熟，則持刀運用，進退跳躍，環轉之法

不盡。雖云著著實用，猶恐臨敵掣肘，故總到成路
刀法一圖，而前圖諸勢備載在中，又續刀勢十二圖
於後，以便習演者觀覽……。[25]

以圖記載練習路勢，在明代印刷業發展配合之下漸
成趨勢，對於武術承傳有很大作用，之後習者過分重視
套路，又是後話。該書零碎地討論了一些武術各家，如
浙江劉雲峰（生卒不詳）、亳州郭五（生卒不詳）、楊
家槍術等，但只得其名。論少林最詳細，尤其是少林棍
法之道，遠較前人豐富，顯揚少林之名有其功勞。[26]

第三節
少林、武當和其他武林傳說

今天少林、武當、太極、內外家拳等武術相關元素已成為國家級的產業，衍生出武術商品。但論他們的源頭，明代是重要起點。之前的故事太簡，就是明代的記載論述，亦不見有堅實證據可尋。之後被想像和放大，在反覆轉述之下變得如同真實，又再是後話。

少林故事從南北朝至明代的記載稀少，至明以後陸續增加，多數被證實不太可信。如達摩（生卒不詳）在486年後長居少林寺並在該處面壁之說，遲至北宋始有記載，而且少林寺始於495年建成，面壁之說不攻自破。亦有傳說謂達摩圓寂之後留下兩個盒子，分別載有《易筋經》和《洗髓經》，但流傳的版本始見於1624年，當中序言內容都有痕跡顯示是後人杜撰。如當中所載初唐名將李靖的序言，顯然是後人所寫。序言當中更有虛構人物。[27] 達摩與少林的種種，成為民國時期武術和學術界的激烈討論議題。

單就可信文獻所載，從唐至明八百多年歷史，資料只寥寥數條，初唐十三少林和尚勇救李世民（598-649）

記載之後，幾百年無以為繼。明代程宗猷的《少林棍法闡宗》添上元末紅巾賊包圍少林寺，為寺僧擊退一則，但亦是轉折地從 1517 年的《嵩山祖庭大少林寺那羅延神文跡碑》抄來，而且抄錯地方頗多。[28] 鄭若曾的《江南經略》卷 8 下，有著名的〈僧兵首捷記〉，有載嘉靖癸丑年（1553），倭寇犯東南，「江都御史蔡公克廉募僧兵殄滅之」，僧人當中天池，天員乃少林僧，武藝驚人。[29] 然文中所述，僧兵不單來自少林，顯見寺院有習武傳統並非罕見。事實上，社會底層的三教九流人士、罪犯、生計不足的人往往避入寺院，到環境稍好，又離寺另覓生計。龍蛇混雜人等中，有精於技擊者並不稀奇。明太祖叱吒風雲一時，也曾避難寺院，嘉靖年間海盜徐海亦曾在杭州為僧，[30] 顯見僧人絕非隔絕武事之外。

明代著作開始述及少林武僧和武術，但不少論者卻未高度評價少林武術。當中多有提及的，是棍法而非拳法，俞大猷在《正氣堂續集》謂訪少林觀其棍法而大失所望，是其人心高氣傲還是少林棍法真的早已失傳，確是無從稽考，及至清初吳殳（1610－1694）在《手臂錄》中視少林棍法為眾多武藝之一。他個人談槍甚多，故對少林以棍為槍不甚恭維。他對少林武術固然有欣賞之詞，但也絕不是鄭若曾所謂天下武藝莫讓少林，更非清初曹煥斗（生平不詳）所說：「拳法之由來，本於少

林寺。」[31]

從明代開始，之後越傳越出人意表的，就是外家拳和內家拳之別，和張三峯（？-約1418[32]）的故事，源頭之起是黃宗羲（1610-1695）所著的《王征南墓誌銘》。黃宗羲文武兼備，和武術家王征南（1617-1669）交遊，並以其子黃百家受拳於王征南。王征南卒，黃宗羲為其作墓誌銘，開首即云：「少林以拳勇名天下，然主於搏人，人亦得以乘之。有所謂內家者，以靜制動，犯者應手即仆，故別少林為外家。蓋起於宋之張三峯。三峯為武當丹士，徽宗召之，道梗不得進，夜夢玄帝授之拳法。厥明以單丁殺賊有餘。三峯之術，百年以後，流傳於陝西，而王宗為最著。」[33]之後，張三峯、內家拳和武當被逐步建立成一個論說。內家拳以柔制剛，引進落空的調子，進入近代，容易被聯繫到太極和相關的武術。[34]然而民初以後的考證，多方面挑戰張三峯其人和武術無關，這些下文再作分解。

疑幻疑真的武俠傳說，豈會缺席於武風盛行的明代？在明代各種章回、短篇和筆記小說中，都充滿著武與俠的元素。看社會情態，明代繼承宋代以來的繁盛城市經濟，各式行業勃興，市民階級的日常娛樂也趨五光十色，運動、戲曲、玩藝一應俱全，印刷術通行也讓各式文體得以傳播。一直流傳的民間傳說，宋代以來的話本小說，說愛情的、神怪的、奇情的都大行其道。俠義

傳說從來都有捧場客，在說書人、印刷品中活現而生。同時，興盛的社會也有黑暗面，城市勞力生活不易，農村的剝削同樣嚴重，奇情俠義故事給予大眾心靈的慰藉。由是，類似的故事充滿了平易的小說文本之中。

明代小說之中的俠，面相大不相同，章回小說《水滸傳》之中的俠，有抗暴鋤奸、挑戰秩序的勇氣。梁山好漢代表大眾，與建制對抗，代表一種庶民的集體主義。短篇如《警世通言・趙太祖千里送京娘》和《西湖二集・俠女散財殉節》等就是俠客路見不平，除暴安良的故事，它們和一些俠盜故事一樣，都是講一些豪邁義勇的個人事跡。筆記小說亦史亦文，如李紹聞（生卒不詳）的《雲間雜志》，有〈張二郎〉寫武林俠士參與抗倭。俠之形態不一，所講的武術亦大致可分為短打、長靠、神怪三大類，所謂短打「是以個人為單位的，短兵相接（包括拳擊技術）的放對式步戰」，長靠「是以步卒為單位的兩軍對陣」[35]，神怪者，講奇幻法術，飛劍殺人之類。如《水滸傳》，長靠就佔了較大的比例，統計前七十回論武打的二百五十次左右，短打若六十多次，集體戰的比例大增。[36] 至於神怪，大家耳熟能詳的《封神演義》的神魔鬥法膾炙人口，但如《初刻拍案驚奇》卷4〈程元玉店肆代償錢・十一娘雲岡縱譚俠〉中所述，「十一娘袖中摸出兩個丸子，向空一擲，其高數丈，才墜下來，二女童即躍登樹枝梢上，以手接著，毫

髮不差。各接一丸來，一拂便是雪亮的利刃」，[37] 亦屬奇幻描述。由是武俠的俠，是平民現實和神魔境界的混雜，武俠的武，亦是常人武功與神仙奇技的糾纏。沉醉其中的觀眾讀者無意析辯，文學、怪異和武術自然也難分難解。

第四節
清代社會

　　明代武術記載和兵事需求有密切關係，清代武術的
發展則和社會基層社團和反政府活動緊扣，當中涉及相
當程度的傳說和信俗元素。滿洲人以外族入主中國，面
對連續的內外鬥爭，征討的措施和過程造成地區和族群
矛盾，滋長地方的暴力反抗活動，武術發展可算是一種
派生結果。順治（1644-1661）初年，倚賴定南王孔有
德（1602-1652）、平南王尚可喜（1604-1676）、靖南
王耿仲明（1604-1649）和平西王吳三桂（1612-1678）
等降清將領進攻南明，至 1659 年大抵征服南明，之後
吳三桂留守雲貴，尚可喜續掌廣東，耿繼茂（？-1671）
之子耿精忠（1644-1682）穩處福建，史稱三藩。他們
各據地盤，各自發展出軍事和經濟實力，對抗中央。
但三藩各自為戰，後人無以為繼，至 1681 年算是被
悉數平定。[38] 三藩之亂陷新生政權於兵亂之中，鄭成功
（1624-1662）得以盤踞台灣，更將戰線延到東南沿岸。
鄭成功於 1662 年驅逐荷蘭人，建立包括福建和台灣的
根據地。他死後其兒子鄭經（1642-1681）與繼承順治

的康熙繼續對抗。康熙既剿既撫無效，改以海禁政策孤立台灣，延至 1684 年鄭克塽（1670-1707）終於接受招降。對外方面，明末留下的一些問題久久未能解決。俄羅斯自明代崇禎年間（1628-1644）即騷擾黑龍江一帶，康熙在南方大定之後，至 1685 年大舉出征，用兵兩年，俄人於 1688 年要求停戰。在西北方面，原屬蒙古族的準噶爾部自明崇禎年間坐大，勢力伸展至青海和新疆一帶，1683 年連結欲染指東北的俄人分頭入侵。1696 年，清廷再派重兵追剿，平息十多年紛擾。附近的地方如西藏和青海，自康、雍兩朝之交，仍時有騷亂，但清廷在征剿和管理並用之下，總算把局面穩定下來。

清初的征討方式，引發後來不少社會問題。海禁連同遷界，自 1656 至 1683 年執行，禁止一切海上貿易及捕漁，同時要求沿海居民內遷三十至五十里，沿海開界溝、築界墙、立界碑，駐兵監察，嚴禁越界。一直以來東南沿岸是富裕之地，眾多人口憑著海洋資源，從事商業、漁獲、航運各種生意。明代行海禁，間接迫使部份正經營生的人，參與非法活動，甚至成為海盜。清廷的手法更是雷厲風行，犧牲沿海經濟活動和萬千人民生活不計，務求截斷鄭氏的物資供應。海禁和遷界之禍害，有謂「流離失所，死者萬計」，「謀生無策，丐食無門，賣身無所，輾轉待斃，慘不堪言」，但清廷不

但駐兵嚴防，更有捕殺鋌而走險者，[39] 官民矛盾深深種下。另外，鄭經次子鄭克璦的舊部被迫為盜者，亦只有繼續在刀口上討活。著名的有惠州到潮州的蘇成（生卒不詳）和蘇利（生卒不詳）兄弟，廣州一帶的周玉（生卒不詳）和李榮（生卒不詳），活動遠至中、越邊境，以反清復明為旗號的楊二（？-1688）等。[40] 之後因為1683年終止海禁，海盜風潮暫停，及至乾隆年間，經濟問題又趨嚴峻，海盜結合各種反抗勢力再次挑戰清廷。

滿洲人馬上得天下，依賴累積起來的戎馬經驗和配合生產和社群需要的制度。但隨著部族定居中國，部分的制度和生活模式大幅改變，例如清政府只限滿人方得在旗學和宗學中習騎射，就限制了提拔武人的途徑。[41] 這多少解釋到文人論武之風為何不再熾熱。承平之後，八旗制度也不再能提供足夠的戰鬥力，更無法面對乾隆朝以後的挑戰。乾隆一朝可算是清代盛極轉衰的關鍵。單從經濟角度去看，清朝的種種隱憂已逐漸浮現，強調以農為本的乾隆，鼓勵人民不斷開發耕地，口糧之外，高產植作物如番薯和玉米，經濟作物如棉花、桑葉、煙草俱大幅增產，耕地延至東北、蒙古、新疆及湘桂等地。農業的興盛，加速了人口增長，口糧生產逐漸滯後。根據估計，以乾隆時代的十億畝土地，供應三億人口糧食，已經相當緊張。加上土地優劣不一，糧食分配差距擴大，遇有災荒，情況更為嚴重。[42]

第五節
群眾運動與清代武術

　　文人少談武事，但民間武術卻因各種幫會與種族因素造成的反政府活動，和地區防衛組織而得以滋長。它們有武裝背景，也藉助宗教，「反清復明」和民間傳說等等元素而壯大。我們熟悉的天地會、哥老會和青幫，背景不一，但都在乾隆之後有更詳實的記載。它們都從基層社會發展起來，在社會不安的時候成長，再創造了一些傳說來吸引更多徒眾，最後成為龐大的力量。當中天地會影響最大，和洪門一脈相承，清末時聯繫到革命組織，持續發揚「反清」活動。研究指出天地會於 1761 年由一個名為提喜（生平不詳）、號洪二和尚的人所創，活動地點最初在福建境內，後來隨著社會問題惡化，再傳至台灣、江蘇、浙江、兩湖和兩廣等地。因為得到一些破產農民和小手工業的支持，逐漸從互濟發展成反政府的力量。著名的「火燒少林寺」傳說和無從稽考的「西魯傳說」，也是天地會招徠的元素。關於「西魯傳說」的虛構成分，論者已多。簡單說，天地會發展到嘉慶年間，有內部文件指出天地會源於少林。話

說康熙年間有西魯和清廷交惡，清廷少林僧兵助戰，大勝歸來。但康熙恐少林坐大，發兵將少林夷為平地，倖存的弟子，後來被封為五祖的成為天地會的創始人。他們「反清復明」活動期間所傳的武技，是為南方武術門派的源頭。事實上，康熙征西魯固然欠缺根據，南方的少林亦史無記載。加上天地會成立之初一直無此故事，到六、七十年後嘉慶年間（1796-1820）才出現，偽託機會甚大，想是後人創造者悲壯故事鼓舞徒眾。[43] 事實上，南少林文獻無載，田野考察福建一地，即有少林寺多達十所，[44] 建立時間不明，和武術的關係亦模糊。

同時期的社團和反政府組織都有自建世系和聚眾習武，甚至談玄說怪的做法，顯要者為源於雍正末年的川北的哥老會。哥老會是四川的外省穆民和四川本省遊民組成的秘密社團，成員有集棍棒武術，也有求神飲用符水的習俗。他們分成大小股和官府對抗，乾隆（1736-1795）以後影響達至陝西、甘肅、湖北一帶。長江流域一帶的水手縴夫，遇有生計問題，也會加入哥老會，一併謀生。之後借用其他教派的一些教義 豐富其源流和內容。例如天地會在〈會簿〉之中創造了南少林的故事，哥老會也在活動一段長時期後，至道光年間（1821-1850）傳出〈海底〉，即〈金台山實錄〉的故事，重塑哥老會的源流，自詡為鄭成功的繼承人，也在清中葉社會不穩的情況下，大講「反清復明」。[45] 同時期的漕運

水手行幫，也有誦經、食素、遵循天人合一、輪迴、念佛、受戒等的通俗佛教義理，但互濟色彩濃厚，也曾在福建和官府作戰。[46] 面對清政府的大力查禁，發展更接近幫會，最後成為民初的青幫。在北方，秘密會社兼有武術和宗教色彩的，首推魯西地區的八卦教。順治年間（1644-1664），明末李自成餘黨續在山東作亂，會合因為耕地不足，落草為寇的民眾，騷動多時。[47] 因為科舉中斷，地方亦無足夠通文墨的人維持道德禮制，打著宗教和神秘主義旗號的秘密社團得以成長。[48] 當中八卦教徒有練武養氣的習慣，將宗教、武術和修煉內丹合為一體，曾四出攻城掠地，勢力最盛時，曾密謀以「反清復明」的口號於 1812 年進攻北京。不過新近的研究，卻又指八卦教傳授的不是八卦掌而是少林拳。[49]

白安睿（Avron A. Boretz）用人類學的田野考察方式，觀察台灣的地方宗教儀式、武術、社團和男性氣概的緊密關係和長久的歷史淵源，得到一些有趣的觀察。這些滴血為盟的基層組織，可以是基於互濟目的，也可以發展成長久的反建制力量。模糊的信仰儀式和超自然行為，有助鞏固成員之間的依存關係，尤其遇到武力對抗時，他們更信神鬼之助能令他們戰無不勝。作為領袖的，除了要表現豪飲、勇悍、能征服女性的原始雄性特徵外，更要能人所不能，甚至借用神力率眾武鬥。[50] 事實上，如果不能發揮非比平常的能力，又豈能樹立起統

領大眾的英雄形象？[51] 從來的反政府運動，從王莽、黃巾、紅巾等都混雜信仰和法術，清代的反抗運動，在武力之外，多少都滲入了神靈附身，萬人莫敵的迷信。如哥老會的頭領，有些聲稱能預知未來，有的能蹤跳如飛，「這是將神道迷信荒誕不經之談與過人本事結合的典型例子，更能取得會眾的擁戴信任」。[52] 這些神靈的超自然力量，容易和精、氣、神等形而上力量混為一談。事實上，「巫武合流」已是清代秘密結社組織的一大特質，當中本來可能和哲學和健體有關的「運氣」，更和神秘力量拉上關係。以白蓮教為例，就奉行後來廣泛流傳的「坐功運氣」，同時背誦咒語，之後的清水教和八卦教亦然。清水教的王倫後來再加改造，「文武分場」，「練氣者稱文弟子，習拳棒者為武弟子。武弟子練拳棒技藝，文弟子唸咒運氣……」，但兩者兼習者亦多。[53] 如此，武術和種種匪夷所思的傳說便混為一談。

第六節
地方防衛和武術門派大盛

　　動亂、海盜和各種不同問題在十九世紀初點燃起一股腐朽的滿清軍事制度無法再控制的烈焰。之後外強入侵，太平天國興起和地方軍力膨脹，為滿清末年亂局火上加油。海商和海盜的循環在嘉慶年間（1796-1820）重現東南沿岸，乾隆以後各地經濟的結構性問題逐漸顯露，廣東缺糧的情況亦日趨嚴重，更多的農民嘗試在海事上謀出路。漁民的生計本來已艱難非常，他們很多是遷徙而來的客家和福佬人，沒有知識，也沒有宗族支援和社會網路，遇生活困難時作非法勾當的機會更大。[54] 他們和陸上走來加入的貧民會合，又得到與清廷為敵的越南西山政權支持，聲勢更為浩大。但東南省份據點式的防禦一直無法守禦漫長的海岸線，常額軍費的不足只能靠紳商捐獻補足。統領的總督，沒有兼管水陸師的能力，任期太短也難有作為。後來清廷增設巡撫，更導致督撫爭權的問題，其他如兵器老舊、操練落後都只是深重問題的表徵而矣。[55] 難怪從 1804 至 1810 年，瓊州府（今海南島）到潮州府均時時告急，鄭一嫂

（1775-1844）、張保（1786-1822）等海盜均令沿海居民聞之色變。他們時聚時散，有時更和遠渡而來的歐洲商人合作，從他們那裏得來的先進武器，令清朝水師吃盡苦頭。先後任兩廣總督的那彥成（1764-1833）、吳熊光（1750-1833）和百齡（1748-1816），無論追剿還是圍堵，都沒有奏效，反而弄致傷亡慘重。最後還是離間和招降生效，至 1820 年代後海盜風潮稍稍平息 [56]。

海盜興起的一個副產品就是地方團練，1809 年，百齡接任兩廣總督，即鼓勵鄉紳捐獻，資助民團。珠江至粵東一帶，即廣設要塞，團民由武術家指導，兼習冷熱兵器。[57] 團練在對抗海盜的鬥爭中，發揮的功效有限，但在傳播武術卻有一定功用。海盜肆虐的珠江流域，成為南方武術的一大版圖。要留意的是這些民間軍事組織和時間相若的土客械鬥有一定的關係。客家人本身有自成一體的武術，而且世代相傳，[58] 地方團練習武亦備有武器，「也為械鬥提供了組織及裝備上的準備」，[59] 更在禦賊械鬥中，熟習戰鬥。南拳五大家，洪、劉、蔡、李、莫流播珠江流域，一定程度上得力於當地濃烈的尚武之風。

上述的門派，之前鮮有所聞，但在十九世紀聲名越顯，門派系譜和傳說的南少林有千絲萬縷的關係，當中的人和事又和同時代的武俠小說有雷同之處。清初國勢隆盛，加上文字獄大興，文人著作亦畏首畏尾，武學研

究在吳殳（1610-1694）和曹煥斗等人的作品後無以為繼。俠義小說在清初至中葉有明顯的轉調，如林保淳所說：「新一代義俠的特色——唯依附於國家禮教，方可稱為義體。」[60] 路雲亭對清代武俠小說中的俠批評頗烈，他說：

> 清代武俠小說的武俠人物，其墮落性首先表現在俠的神性意志已弱化，俠客的獨立不羈的敞亮胸襟與恢弘氣度已極度地扭曲乃至消亡，膨脹而起的是世俗性和勢力性的小農思想。俠的個體精神自由讓位於集團權勢的理性苛限，俠與義的地位降到了忠與孝的檔次之下，大量以愚忠聞名的俠客充斥在朝廷內外，成為了皇家的鷹犬，官府的幫兇。「忠俠」形象充斥於清代武俠小說之中，佔據著武俠小說的主導地位。[61]

如《七俠五義》丟棄反清復明，彰顯官逼民反，重義輕生一類主題，英雄俠客盡數歸邊站在統治者的一面，無論是南北雙俠還是五鼠，都不再反叛，轉而協助清官為民伸冤，為國除奸，法律和勇者雙劍合璧，掃蕩社會中的壞分子。這個既是統治者的願望，也是活在不安的民眾的心靈寄託。所以就算是後來和南少林拉上關係的《聖朝鼎盛萬年青》，當中的武當派也因為清剿少

林「逆賊」而得到朝廷嘉許。

《聖朝鼎盛萬年青》的人物後來忠奸對調，十分有趣，值得一談。該書又名《乾隆巡幸江南記》，於1893年首度由上海書局刊行，[62] 但估計書中的內容、種種傳說和人物，在民間已經普及多年。該書沿兩條主線平衡前進，其一為乾隆皇微服遊江南，飽覽沿途湖光山色、風土人情；其二為少林「逆賊」至善禪師、洪熙官、胡惠乾等興風作浪，福建一帶官府連同武當峨眉英雄群起追剿。少林和武當之爭成為了民國以後電影小說藍本，也充實了南方門派的系譜。在此之前，上述少林師徒的故事少有見諸文字，就是成形於嘉慶的西魯傳說，所述亦只及於少林五祖。清中葉以後的細節，至清末民初才逐漸被武林中人和文藝創作者補充。然而民國初年，反清事業結束後，小說家在重新編選少林故事，將被滿清視為叛逆的至善、洪熙官等人視為民族英雄，他們的武藝亦在普及文化中混和武林系譜。據說，上海鴛鴦蝴蝶派作家江蝶盧（生平不詳）首先將《聖朝鼎盛萬年青》「乾隆部分刪去，保留少林部分，改寫結局，由至善央求五枚師太出山，化解少林、武當恩怨，保住了方世玉等人性命」。[63]

第七節
高潮和隕落

　　無論如何，武術在秘密社團，反政府活動，附以武術和巫術，再加上文藝潤飾之行在民間產生了異常的變調。十九世紀的兩股龐大的基層政治運動——太平天國和義和團都有著這些色彩。太平天國本身有強烈的信仰背景，同時兼備社會改革的目標，在晚清政治和社會不安的環境中冒起，從 1851 年金田村起事到 1872 年最後一支部隊敗亡，期間波及安徽、浙江、江西、湖北諸省。當時中國的戰鬥形式仍以冷兵器為主，所以太平天國領導和部眾都有受舊式拳腳兵器訓練，有說翼王石達開（1831-1863）精通武技。更重要的是，其時建立的體制，如「大館」、「小館」和「武學」，在所到之處落地生根，有繁衍武術之用。[64] 但太平天國從信仰而來，無可避免地滲有大量神怪故事，洪秀全自我神化自不待說，左右如蕭朝貴（1820-1852）亦好此道。[65] 他行的一堆「戰妖」、「燈照面」和「超升靈魂」把戲，不過以視覺效果勾起大眾心靈的一些反應。信仰和幻術最終還得靠實際功業去支撐，兵勢浩大之時，上述作業可

收相當益彰之效，到時不與我，就不能挽狂瀾於既倒。然而，奇幻和武藝在亂世還能有一定社會要求，到義和團可以說是最後一個高潮。

義和團是各種文化因素的會合，當中包括亡國滅種的威脅和抗敵救民的抱負，傳統行俠仗義在亂世中的怒吼，武術、巫術和小說戲曲的異種混合。在外來文化不斷擴張的時候，代表社會底層的反抗者才會拾起自己能夠掌握的文化資源，塑造出自己的英雄部隊，以神功和冷兵器對抗西方軍隊。他們所說的法術、武術和種種混合戲曲儀式的演練容易為普羅大眾了解，在戰爭中卻難以獲得優勢，結果就如路雲亭所說：

> 義和團團民渴望扮演的俠客形象最終無法挽救晚清社會，其所依賴的秘密宗教的精神力量同樣難以承受濟世之重任。義和團現象只能成為中國帝制時代武俠人格和俠義行為氾濫的最後一道風景。[66]

義和團之役後，中國國勢未見好轉，團民星散，不少人流落江湖，或回到原籍或者過著更不堪的生活。但他們留下的事跡，對武術的影響卻是多面的。有人仍然在神人奇俠之中不能自拔，繼續用這些文化資源營生，構建武林故事，亦有人走上為武術去神秘化，並全力重構以知識和科學為基礎之路。

第八節
小結

————

　　明代的治安及國防需要，讓傳統兵學得到更多的重視；知兵武人的文字整理和輾轉傳述，令少有人知的民間武術也得到較多的紀錄。這些正式的著述和民間的說法當然不盡相同，也因此講求實用的軍事知識、傳誦眾口的武林典故、聳人聽聞的江湖傳奇在同時空中流轉，受眾則各取所需。當然，有份量的作品影響力持久，少量關於少林和武當的記載被不斷詮釋和發揮，引申出無窮內涵。清代的群眾運動讓武術和俗民生活進一步匯流，加強了武術的另一個面相。然而，熱兵器主導的新式戰爭來臨，讓武術面對極大衝擊。更多的中國部隊放下劍棒，拿起槍枝，學習新的陣式演練和體能培訓，和堅持使刀練氣，說著門派源流的師徒背道而馳。拳腳冷兵器吃過了熱兵器的苦頭，更多的先進事物進入大眾的視野，傳統被新眼光審視。在新的時代民族和國家有新的需要，武術能如何貢獻？

注釋

1　李吉遠：《明代武術史研究》（北京：中國社會科學出版社，2018），頁 3。

2　同上。

3　David M. Robinson,*Martial Spectacles of the Ming Court* (Cambridge, Mass.: Harvard University Asia Center, 2013), p.9.

4　王鴻泰：〈武功、武學、武藝、武俠：明代士人的習武風尚與異類交遊〉，《中央研究院歷史語言研究所集刊》本 52 分 2（2014.6），頁 209-267。

5　明代的種種對內對外戰爭，可參考台灣三軍大學編著：《中國歷代戰爭史（冊 14〈明〉）》（北京：中信出版社，2013）。

6　參考安樂博（Robert Antony）著，張蘭馨譯：《南中國海海盜風雲》（香港：三聯書店，2014）。

7　周雪香：〈流民、礦亂與社會秩序的重建〉，《廈門大學學報（哲學社會科學版）》期 1（2013），頁 115-122。

8　詳見 David M. Robinson, *Bandits, Eunuchs and the Son of Heaven* (Honolulu: University of Hawaii Press, 2001), chapter 3.

9　陳文石：〈明代衛所的軍〉，《中央研究院歷史語言研究所集刊》本 8 分 2（1977），頁 177-203；鄧慶平：〈明清衛所研究述評〉，《中國史研究動態》期 4（2008），頁 14-21；趙世瑜：〈衛所軍戶制度與明代中國社會——社會史的視角〉，《清華大學學報（哲學社會科學版）》卷 30 期 3（2015），頁 114-127。

10　郭紅：〈衛所與明代武術發展研究〉，《武術研究》卷 2 期 6（2017.6），頁 1。

11　趙世瑜：〈衛所軍戶制度與明代中國社會——社會史的視角〉，頁 115。

12　張侃、宮凌海：〈明代中後期東南地區兵制變遷——以浙江沿海地區為中心的考察〉，《江西社會科學》期 11（2014），頁 92。

13　趙世瑜：〈衛所軍戶制度與明代中國社會——社會史的視角〉，頁 121。

14　馮志華：〈論明代衛所軍制下的清勾制度〉，廈門大學歷史碩士論文，2007，第 4 章。

15　根據陳文石上文所說，兵和來自軍戶的軍士不一樣，「兵是臨時招

募來的，非經制的，無一定的額數，也不永遠屯駐在同一地點」，頁179。

16　見陳寶良：〈明代的民兵與鄉兵〉，《中國史研究》期1（1994），頁82-92。

17　鄭若曾：《江南經略》，《四庫兵家類叢書（三）》（上海：上海古籍出版社，1990），頁426。

18　同上，頁428。

19　唐順之：《武編》，《四庫兵家類叢書（二）》（上海：上海古籍出版社，1990），頁429。

20　范中義：《俞大猷傳》（北京：線裝書店，2015），頁288-290。

21　戚繼光：《紀效新書》，《四庫兵家類叢書（三）》（上海：上海古籍出版社，1990），頁569。

22　同上，頁607。

23　同上。

24　同上。

25　程宗猷：《國術四書》（台北：逸文武術文化有限公司，2009），〈續總刀圖說〉，無頁數。

26　同上，〈少林棍法闡宗〉，無頁數。

27　詳見龔鵬程：《武藝叢談》（濟南：山東畫報出版社，2009），第1章。

28　松田隆智著，閻海譯：《中國武術史略》（成都：四川科學技術出版社，1984），頁48。

29　鄭若曾：《江南經略》，頁460-461。

30　安樂博：《南中國海海盜風雲》，頁37。

31　曹煥斗注，《拳經》，中國基本古籍庫（北京：北京愛如生數字化技術研究中心，2009），頁1。

32　黃兆漢：《明代道士張三丰考》（台北：台灣學生書局，1988），頁20-22。

33　黃宗羲：〈王征南墓志銘〉，《南雷文定前集後集三集（上）》（上海：商務印書館，1936），頁128-129。

34　龔鵬程：《武藝叢談》，第2章。

35　徐斯年：《俠的蹤跡》，頁68。

36　王資鑫：《水滸與武打藝術》（南京：江蘇古籍出版社，1986），頁7。

37　凌濛初：《初刻拍案驚奇》（天津：天津古籍出版社，2004），頁50。

38 三藩之亂的始末，見邱心田、孔德騏：《中國軍事通史（清代前期軍事史卷 16）》（北京：軍事科學出版社，1998），第 7 章。

39 韋慶遠：〈有關清初的海禁和遷界的若干問題〉，《明清論叢》輯 3（2002），頁 189-214。

40 安樂博：《南中國海海盜風雲》，頁 48。

41 許義雄、徐元民，《中國近代學校體育（上）：目標之發展》（台北：師大文苑，1999），頁 51。

42 戴逸：《乾隆帝及其時代》（北京：中國人民大學出版社，1992），頁 296。

43 秦寶琦：〈花僧秘典，萬五道宗，西魯故事與天地會起源〉，《清史研究》期 3（2007），頁 70。

44 郭裔：《晚清民國時期的廣東武術》（廣州：華南理工大學出版社，2013），頁 25。

45 秦寶琦：〈哥老會源考〉，《學術月刊》期 4（2000），頁 68。

46 吳琦：《漕運‧群體‧社會：明清史論集》（武漢：湖北人民出版社，2007），頁 103-106。

47 張玉法：《中國現代化的區域研究：山東省》（台北：中央研究院近代史研究所，2015），頁 112。

48 周錫瑞（Joseph W. Esherick）著，張俊義、王棟譯：《義和團運動的興起》（南京：江蘇人民出版社，2005），頁 7。

49 王廣西：《功夫：中國武術文化》（台北：知書房出版社，2013），頁 77。

50 Avron Boretz, *Gods, Ghost and Gangsters: Ritual Violence, Martial Arts, and Masculinity on the Margins of Chinese Society* (Honolulu: University of Hawaii Press, 2011).

51 Judith A. Schwartz and Richard B. Schwartz, *The Wounds that Heal: Heroism and Human Development* (Lanham: University Press of America, 2010), p.4.

52 徐安琨：《哥老會的起源及其發展》，《古代歷史文化研究特刊（編 4 冊 30）》（台北：花木蘭文化出版社，2010），頁 87。

53 譚廣鑫：〈巫武合流：武術秘密結社組織中的巫術影響研究〉，《體育科學》卷 37 期 2（2017），頁 89。

54 Dian H, Murray, *Pirates of the South China Coast, 1790-1810* (Stanford: Stanford University Press, 1987), pp.12-17.

55　詳見袁展聰：《不均等的對抗——鴉片戰爭中廣東海防快讀崩潰的遠因》（香港：天地圖書，2018），第 1 及 2 章。

56　同上，第 3 章。

57　都重萬：〈嘉慶年間廣東社會不安與團練之發展〉，《清史研究》期 3（1998），頁 50-61；Anthony Robert, "State Community, and Pirate Suppresim in Guangdong Province,1809-1810, " *Late Imperial China* 27:1 (2006), pp.1-30.

58　趙式慶等著：《客武流變——香港客家功夫文化研究》（香港：商務印書館，2020），第 1 章。

59　鄭德華：《土客大械鬥：廣東土客事件研究 1856-1867》（香港：中華書局，2021），頁 157。

60　林保淳：《俠客行——傳統文化中的任俠思想》（新北：暖暖書屋，2013），頁 58。

61　路雲亭：《暴力的藝術》（北京：中國時代經濟出版社，2006），頁 189。

62　許斌：《文學史撰徵》（北京：新華出版社，2015），頁 489。

63　黃仲鳴：〈字裡行間半部書的傳奇〉，《文匯報》2017 年 2 月 28 日。

64　王世景、孫慶彬：〈天平天國武術在桂東南的傳承和發展〉，《山東社會科學》期 2（2015），頁 433-434。

65　劉晨：〈上帝教與太平天國的興衰——以蕭朝貴神話歷程為中心的考察〉，《揚州大學學報》期 1（2014）頁 92-96。

66　路雲亭：《義和團的社會表演——1887-1902 年間華北地區的戲巫活動》（上海：上海古籍出版社，2014），頁 473。

第四章

◆

在建國強民的旗幟下

第一節
外強壓迫之下，國家和民族觀念之醞釀

清代作為中國最後一個王朝，一度出現盛世的景象，管治龐大的人口與遼闊的版圖，成為東亞的中心。然而，1840 至 1842 年的鴉片戰爭成為重大的轉折，清廷戰敗，被迫簽下不平等的《南京條約》。之後與英法聯軍的戰事又在 1860 年以失敗結束。兩次鴉片戰爭給予中國前所未有的衝擊。割地，賠款，打開緊閉多年的貿易大門外，中國的管治和文化精英的世界觀也面臨極大挑戰。士大夫在增進對外來者的認識，追求革新之途時，同時得面對一個新世界。在此中，他們發現西方人談的國家和民族，和中國的天下觀頗有差異。工業革命發展出的現代文明，在一些地方對中國傳統文化也不無衝擊。

歐洲的民族經歷了宗教改革，三十年戰爭和《西發里亞和約》（*Peace of Westphalia*, 1648）而萌發現代主權國家的觀念和實踐，復在大航海時代與全球不同族群接觸過程中增加對外界和自身的瞭解，法國大革命和拿破崙戰爭進一步催生國民和文化多元性的觀念，現代

民族國家在這漫長的過程中才逐步形成。不過，以上的歷程衍生的民族（nation）觀念，包含語言文化共同體和國籍與公民的政治性，和中國士大夫的天下觀並不一致。[1] 有說中國傳統士大夫，擁抱的是「是一種天下情懷，是對人類共同命運的關懷，並不是一種限於有限人群和地域的『民族國家』情懷」。[2] 這種情懷的一個重要基礎，是中國在十九世紀之前較諸周邊族群的國力優勢和影響。中國的朝貢體制，界定中國與周邊族群的關係，中國藩屬按尊卑層級以不同禮數與宗主往還。宋代以降，朝貢貿易促進中外商業和文化交流，明代的海洋世界一片熱鬧。[3] 地方官紳到庶民，多少都明白與外來者互利的好處。到清代，與西方的貿易雖受制於「一口通商」制度，但觀廣州官商都能有條理地處理外商，足見雙方明白互相交流令各得其利，中國沿海地區居民對海外的風土人情也非全無認識。[4] 但體制和世界觀的變化往往後於社會變遷。兩次鴉片戰爭後，總理衙門成立，清朝得承認需與各國建立新的關係，並且進入新的國際體系。但就是維新的改革份子如康有為（1858-1927），也在1870年代看過《瀛寰志略》後，才領略到中國乃云云多國之一，而康有為的「三世說」，雖滲有社會進化論的元素，最初仍是一個「平天下」議程。[5] 也在十九世紀末葉，瓜分中國危機益重和流亡海外人士見識稍增之後，改革者才曲折地認知到在列國相鬥中，

中國漸落下風。

西力入侵和二十世紀的中國民族國家建設的關係密不可分。西方近代理論講的民族國家，不單需要一個擁有共同文化元素的族群作為核心，更需要一個穩固的政治組織。[6] 西力東漸挑戰了中國管治和文化精英的世界觀，就如許紀霖在《中國時刻？從富強到文明崛起的歷史邏輯》中指出，「一個硬實力和軟實力皆優於自身的異族的出現，是中國三千年所未遭遇的大事件，一個絕對的『他者』的出現，真正刺激了作為整體的中華民族的自我覺悟。……本來中國的老百姓只有宗法家族和地方的意識，讀書人則再加多一個對王朝和天下的認同，但到晚清之後，……隨著西方對中國步步進逼，中國在抵抗西方這絕對的『他者』過程中，遂有了近代國家的覺悟，也產生了國族的自我意識。於是，近代中國不僅有了建國的追求，也有了建族的自覺」，[7] 但無論建國還是建族的覺醒也都需時。清末，一部分人看到了中國國力上的一些缺陷，開始從上而下的有限度體制改革，先有洋務運動，再有維新運動。在 1912 年清室退位後，政體改造全面展開。之前浮現的種種對民族和文化的反省，也在這過程中逐漸成為重要的考慮。

文化建設的想法得從民族說起。有說孫中山（1866-1925）首先用上民族這個詞彙，[8] 也有說梁啟超（1873-1929）開先河。[9] 顯而易見，晚清極具影響力的知識人，

希望棲身在同一塊土地上，有血緣關係、共同經歷和文化承傳、擁有一種向心力的人民，能強大起來並形成共同體，承托起中國，使之免受列強威脅。個人、民族、國家，組成重疊的關係。個人聚集成為民族，國家為民族發展的必然成果。只要能聚成強大民族，國家亦隨之發達。可以說，梁啟超為首的思想家，「發現了作為文化共同體的「民族」向政治共同體的「國家」的過渡的必然邏輯，民族主義更被具體為建立民族國家的「民族建國主義」。[10] 國家成型和鞏固後，民族就成為了「國民」。至於民族的成員，康梁為首的立憲派比部分堅持「驅逐胡虜」的革命派，[11] 更包容滿洲人。狹義的民族國家建構只會造成境內各族的分離主義，所以國民而非民族為中心的「國民國家論」更能包容大小民族。[12] 孫中山早年因革命的需要，論調也較激烈排滿，要「由地道的中國人⋯⋯來建立起純潔的政治」。[13] 但 1905 年後也願意接受滿人對中華民族作出貢獻，先決條件是滿人交還主權，然後服膺於一個漢人建立的漢人國家。[14] 之後一直到南京政府，民族政策都是要育化大小民族成為中華民族的一部分。[15]

這個新國民的文化當然以傳統中國文化為中心，但也包括西方的新元素，只是模仿西方的「他者」時，也得重新審視中國文化的價值。中西文化如何調和，並且混成一種足以提升人民素質以至民族，國家力量的動

能，成為時代的命題。洋務運動代表人物張之洞（1837-1909）講「中學為體，西學為用」。理想來說，這種體用之分，一方面能維護國人對中國文化的信仰，另一方面能模仿西方以圖強。晚清之後，越來越多人相信中國文化必須改變，區別只在於變的程度，以及如何保存中國文化的核心地位。[16] 隨著變革的深度與廣度與日俱增，傳統文化的寄生環境逐漸改變，中國文化去向的問題，也日益緊張。如羅志田所說，晚清以來的民族主義是包含反抗和建設兩方面。[17] 同時要抵抗西方文化全面入侵和借用西學重建民族，正是改革者最難平衡處理的一個問題。1905 年廢科舉後，儒家思想的文化和政治作用大減，相關的教育體制逐步被西式大、中和小學取代。清朝結束之後，各種改變更令讀書人驚歡失落，甚至面對出路和生計的問題。例如一度強調「納西方之鴻寶，保東國之粹言」[18] 的中醫，面對晚清之後，一次又一次中醫存廢的激烈討論後，[19] 甚至需要群起保衛本業。美籍學者艾愷（Guy Salvatore Alitto）在研究梁漱溟（1893-1988）時，也注意到這問題，並指出連帶而來的，是一種對精神文化滅絕的恐懼。[20] 我們看到不少對西方文化有認識的中國知識分子，也希望以中國文化為母體，慢慢吸收先進的西方知識科技。西化甚深的胡適最終能保存對民族的愛，[21] 陳寅恪（1890-1969）堅持不忘本來民族之地位，以中國文化為本位吸收外來之

學說。[22] 嚴復（1854-1921）批評中國傳統文化甚為激烈，但他仍希望以「中庸之道」匯通中西的方式，在肯定傳統文化的前提下，建立自由的政治與的經濟體制，實現國家富強。[23] 更強烈的如以鄧實（1877-1951）與章太炎（1969-1936）為代表的「國粹派」，倡議「國學」，視之為一國人民的生成和累積，為國之珍寶。[24] 唐文治（1865-1954）主持無錫國學專修館時，學規指明：「吾國十三經，如日月之麗天，江河之行地，萬古不磨，所謂國寶是也。」[25] 這是中國文化的精義，是禮義、教化所本。

但在傳統的視野，國學和國醫，無疑有較高的位置。傳統武術從來非士大夫所重，在熱兵器時代又失去實用價值，更在義和團事件中背上惡名，它在民國所以承擔起重建民力的重大工作，和中西文化交鋒有關，也有點陰差陽錯。

國民身體、運動和武術

　　武術所以被納入文化建設的討論，和晚清以來的國民身體觀有密切關係。在中國族國建設的過程中，我們熟悉的「東亞（方）病夫」論，在挪用、重構和臆想中形成，無論文化和政治的影響都極深遠。楊瑞松的作品清晰地展示，「病夫」一詞最早於中譯西報中出現，用以描述土耳其的國勢衰頹，猶如歐洲的「病夫」。至中國敗於日本，改革又裹足不前，因此在 1896 年被西報形容為病夫，所謂「東方病夫」與中國人的體質並無關係，[26] 只是描述中國「長期衰敗又無力改革的窘態」。[27]但是，群體和個人的自我形象一樣，是受到不同外在和內在因素塑造的。個人經歷、社會氛圍，主流價值、朋輩和仇敵的評價等等因素，經個人整理，不但會造成我們的自我看法，更會被想像成別人對我們的看法。晚清國人的自我形象也無可避免地受上述因素影響。從晚清到近代，各種不利中國發展的歷史事件，加上和其他民族比拚和互動中累積起來的負面情緒，叫部分國人感覺到中國人所以在民族競爭中漸處下風，除了政策、制

度和國際形勢種種因素之外，和中國人品質甚至體質不如人有密切關係，而且既有的文化和教育一時間都不能帶來改變。種種因素混雜之後，到底「病夫」這羞辱標籤，是外國人加在中國人身上的，還是一些中國人的感受，已經難再清楚分辨。總之，中國人得振作起來，吐氣揚眉。「東方病夫」形象的成型和內化，影響近百年的中國人。

中國對外戰爭連年失利，呈現在中國人和與中國對戰國家人民眼底下。中國在對戰中敗落，第一次可以歸咎與運氣、備戰不足、戰術失誤等因素，但長年處於劣勢，就顯示出更深層的問題。十九世紀中葉，士大夫開始要求改革被西方人評為「品質差到不足掛齒」的軍事制度。[28] 最初在「中體西用」原則下，他們購置西方武器，繼而增添「制器之器」，學習自行製作武器。在太平天國期間，他們也看到西式練兵法的優勢。1860 年春，太平軍橫掃東南各省，兵臨城下的上海，由華爾（Frederick Townsend Ward, 1831–1862）統領中西勇丁，保衛上海並奪回附近各城，贏得「常勝軍」之名。之後湘、淮軍受到新式編練的影響，也立下不少戰功。中國軍事領袖體驗到，西方的訓練同樣能令中國人成為身強體壯的軍人和熟知現代軍事知識的將帥。李鴻章（1823-1901）之後應福州船政局的教習日耳格（Prosper Giquel, 1835-1886）之請，開創了國人留學歐洲的先導

計劃，繼而在籌辦中國海防時，在 1876 年派七名年青軍官，隨克虜伯公司（Friedrich krupp A.G.）的人員李邁協（C. Lehmeyer，生卒不詳）赴柏林學習。李鴻章後來感歎這群學生年紀已長，難以深入認識德國軍事之妙，但德國人對他們的知識和體能的批評卻沒有那麼客氣。[29]

李鴻章在 1870 到 1914 年間，請來出任不同軍職的德國人達一百三十多人。[30] 當中如主理旅順軍港建設的漢納根（Constantin Alexander Stephan von Hanneken, 1854-1925），留下的書信充斥著對中國社會的負面評價，他眼中的中國軍隊「仍用弓箭，而不知有更新式的武器。對於各類型的新文化發展，他們都置若罔聞」。[31] 他對中國同僚的傲慢，常見於紀錄。漢納根大概不是唯一覺得中國人衛生不佳，昧於現代知識的外國人。對照之下，同樣大量引入德國軍事制度，武器和訓練的日本，其軍隊卻很快呈現全新的面貌。希林格（Nicolas Schillinger）引用出於甲午戰爭之後一個日本畫家虛擬的一幅圖畫，來顯示日本人如何對比同樣經歷三十多年軍事現代化的中國和日本。畫中出現在戰爭結束前已兵敗自殺的北洋海軍水師提督丁汝昌（1836-1895）。他仍是舊式穿戴，卑躬地向一群以聯合艦隊司令伊東祐亨（1843-1914）為首，身穿西式軍服，氣宇軒昂的日本軍人投降。[32] 希林格的解讀是，中國人的身

體，精神面貌以至男子氣概，都沒有因為幾十年的軍事改革而得以提升。

在以力相搏的戰場上吃虧，力圖振作未見成效，又聽盡了外人的種種批評，部分中國人失去自信。如果再有輿論傳播同樣說法，影響就更大。重文輕武的社會，早就視軍隊為「鴉片鬼、遊手好閒之徒、兵遊子、無信義者及有犯罪前科等各類人物」[33] 組成的隊伍，但在一再強調中國人的「智，德，力」都得改善的嚴復筆下的中國讀書人，也是同樣不堪。他說：

> 遂至無論何鄉，試遊其地，必有面帶大圓眼鏡，手持長杆煙筒，頭蓄半寸之發，頸積不沐之泥，徐行傴背，闊領扁鼻，欲言不言，時復冷笑，而號為先生長者其人者。觀其人，年五、六十矣；問其業，以讀書對矣；問其讀書始於何年，則又自幼始矣。[34]

梁啟超的言論和後來的「病夫」說有一定的關係。[35] 早於 1897 年，梁啟超就屢在《時務報》集中批評中國制度和社群的積弱，更建議中國應加緊練兵，以對應亡國滅種的危機。到赴日後，梁啟超受到日本極端的思想家影響。尤其到訪美國之後，逐步討論中國人體弱衰弱的狀態和文化社會因素。當時日本的各色人

等已對中國人有一些偏見，在日的西童「恒歌中國人污穢（Chinese people, too much dirty）」和體弱，日人亦嘲弄中國人不懂衛生。[36]1902 年，蔡鍔（1882-1916）發表影响深遠的〈軍國民篇〉，同時梁啟超在 1902 至 1906 年陸續寫成《新民說》。他首先批評國人私德不修，遑論公德，之後再得出「合四萬萬人，而不能得一完備之體格。嗚呼！其人皆為病夫，其國安得不為病國也」的說法。[37]幾年間，「病夫」形象快速繁衍。以下的對比可能相當有趣。1908 年徐一冰（1881-1922）接辦中國體操學校時，就以「增強中華民族體質，洗刷東亞病夫恥辱」為宗旨。[38]反而同是 1909 年由一群軍事留學日本的愛國青年建立的《武學》雜誌，呼喚重振遠古以來的軍事傳統，以求扭轉中國在國際鬥爭之中的劣勢，卻未以病夫自況。他們說的尚武，是軍事，是步兵、騎兵、炮兵；他們講的鍛煉是意志、體力、獨立心、向上心、名譽心、雅量、果斷勇敢等品質。[39]

第三節
武術與體育

　　研究者好以孫中山在政治活動之外，身體力行推廣武術，在廣東石門坑時與陸皓東（1868-1895）等人，前去武館學習拳藝。在廣東就任大元帥時，又邀請著名武術家蔡桂勤（1877-1956）擔任其武術教練等史實，論證他對武術有偏愛。[40] 但武術成為強種保國的手段，背後還是有更複雜的因素。在十九世紀中葉以來，西式軍訓和學堂體育逐漸普及，和孫中山甚有往還的留日國民黨骨幹，亦一早倡議取材自傳統的軍國民尚武教育。傳統武術到底能否兼負強民富國的重任呢？事實上，鴉片戰爭以來，中國以西方法式重整武備的大勢已成。「光緒戊戌正月，德宗（1871-1908）命嗣後武科改試槍炮」和「光緒辛丑七月，德宗命停止武生童考及武科鄉、會試」兩件史實，標誌著傳統軍旅武術的沒落。同時期幾場混合冷兵器與迷信的運動，更令武術在民間的形象一落千丈。本來改良的中國軍事體制，和傳統武術就已經不太相容，滲雜迷信的拳民，更一度把國家帶到險境，武術如何能加入建族建國的行列呢？1918 年，

魯迅（1881-1936）批評武術的講法，相當偏激，而且間接攻擊提倡體育的教育家。他鄙視傳統武術中的怪力亂神，「九天玄女傳與軒轅黃帝，軒轅黃帝傳與尼姑」的傳承系譜，「新武術」亦不倫不類，不見效驗。[41] 他的說法惹來陳鐵生（生卒不詳）一眾的大力回應，但在學界卻也有支持者。可以想像要逆流而上，在西式運動逐漸流行的大環境，將武術提高到「國學」和「國醫」層次的難度。

武術本來在民間自有傳承的途徑，十九世紀以來的政治、社會和文化變遷當然有礙它的進一步發展。不過，同時期城市和鄉鎮中的武術之風卻是方興未艾。就以廣州為例，大量的武館在經濟發展有一定角色。當時的城市行業，從茶居、製鐵到紡織各式各樣，它們組織成互濟性質的「西家行」，與「東家行」協商成員薪酬福利。但遇到各種糾紛，武館也會介入其中。武館從前傳授武藝之餘，也為武舉生備考。武舉無以為繼，武館惟有專注傳授武藝，也因此樂於招納「西家行」成員。[42] 通俗小說顯示的佛山，也是同樣風景：「佛山為我國四大鎮之一，自昔工業繁盛，工友特多，各行會館，均聘請名師回來，教授各行友技擊，是故佛山武風特盛，名師輩出……。」[43] 在鄉鎮，即使現代治安機構開始出現，但時局混亂，習武自衛之風猶在。在械鬥之風未絕之地，如曾經發生嚴重土客械鬥的南方，客家

族群的聚落固然繼續尚武傳統，[44] 本土人亦餘恨未消，水火不容之勢未改。[45] 就是在義和團之後，地方的所謂「會、道、門」，也不見得消聲匿跡。Jiao Yupeng 的新近研究，以 1919 至 1961 年的江西一帶為焦點，指出自衛、宗教、犯罪甚至帶有社會改革色彩的各式地方組織，仍然在廣大的農業地區佔有重要的社會位置。當中我們熟悉的「大刀會」、「黃鶴會」、「同善社」、「一貫道」等都長時期發揮著「非官方」的管治能力。它們部分也會延請武術師父來訓練部眾，並參與械鬥，雖然用的還是冷兵器，更有人繼續運氣施法，自信刀槍不入，但因為佔有地利，地方軍閥不能單靠高壓手段對付它們。在南京政府時代，部分這些會門甚至成為地方政治人物借助的幫手。[46] 對改革者來看，這些民間武術傳統未必是改造國民體格的取材。同樣講尚武，新式的軍隊使用軍操，兼備戰場和日常鍛煉的功用。若講健體，西式體操漸開新氣象，之後體育的發展，在肢體鍛鍊上增加更多的教育文化內涵。傳統武術求轉化，得一改形象，才能在新文化和政治環境中佔一位置。

以天津為例子，它被視為晚清的武術之鄉，但同時也是西式運動在華的一大據點，兩者不會沒有競爭。十九世紀七十年代後，近代體育項目首先在天津的新辦教育機構出現。天津水師學堂、由李鴻章創辦於 1881 年，留學英國的嚴復任總教習。天津水師學堂課程廣

泛，氣象、地理、物理、測量、駕駛、演放和修定魚雷、行船、汽機、機器繪圖、英語、數學無所不包，體育則有「擊劍、刺棍、木棒、拳擊、啞鈴、足球、跳欄比賽、算術比賽、三足競走、游泳、滑冰、平臺、木馬、單雙杠及爬山運動等」。[47] 北洋大學堂在學術以外，重視實踐性環節、德育和體育，凡實習、操行、體育三項中任何一項不及格者，不得升級或畢業。[48] 1902年在天津北洋大學堂舉行的全津學校聯合運動會，更為後世美談。與此同時，西方教會、僑民和駐軍，把近代體育項目中的田徑、球類、游泳、賽馬等帶到天津，其中天津基督教青年會起了很大作用。一些教會學校和外軍駐地，經常舉辦運動會。

作為現代身體鍛鍊的新法式，西式軍操首先在中國引起關注。二次鴉片戰爭後，沿海口岸已出現洋人練兵之風，於太平天國期間，更用於湘軍、淮軍以及上海「常勝軍」的編練。「常勝軍」其後解散，但其軍紀、訓練和裝備卻大受讚賞。李鴻章有感淮軍編制和配備仍然舊式，乃積極改革，鼓勵研究西洋兵法，並僱用德國教官以最新法式訓練洋槍炮隊。當中的兵操，強調「隊列、刺殺、戰陣與戰術」，而兵士的具體鍛鍊就在「隊列隊形、徒手體操、輕械體操、器械體操、技巧運動、跳躍、藝術體操、實用性練習、健美體操等」，[49] 顯見體能、紀律和戰術執行是訓練的重點。之後三十年，學

習西式兵藝一直是清朝軍事現代化的主調，西式兵操也繼續風行。就是 1896 年慘敗於日本之後，張之洞仍是請來德國教習，建立起德式編制的自強軍。可惜 1896 年張之洞回任湖廣總督，自強軍在劉坤一手上無以為繼，最後在 1901 年歸袁世凱旗下，但西式兵操影響越大。自強軍的練習內容包括「體操、步法、手法、轉法、分排散開各法，各法稍熟，即加操槍法……」。[50] 這顯然是要軍人練出體能與紀律，好能在戰場上按指揮佈陣進退，執行任務。

西式兵操原本只有軍事用途，但因為由外國教習引入，又慢慢流播於華洋集處的口岸，漸為國人認識。在十九世紀末，兵操也開始成為諸如上海聖約翰大學和南洋公學等新式學校的教程。當中如徒手體操、器械體操、技巧運動、跳躍、藝術體操等元素，較適合學生學習，後來蛻變成更為流行的體操。這種重視身體、紀律和個人氣質的鍛煉，頗配合保種強國的目的。當時的部分留日學生，雖然政治光譜非常多元，都受到當地「重視軍民一體報國的育成過程」的理念影響，更相信能以此推廣「軍國民主義」，一面加強軍事教化，令國民變內外柔弱為身心強健，另一面為國家廣闢兵源，隨時備戰於兵凶戰危的國際環境。[51] 蔡鍔在 1902 年化名在《新民叢報》發表的〈軍國民篇〉就強調：「以國魂（愛國精神）為召喚，以身體的軍事化開發為訴求，呼

籲當時的政府應該將國民的身體視為國富種存的基本基礎……」[52]更和國內蔡元培（1868-1940）和章太炎的愛國學社互相激勵，蔡元培更一度有赴德習陸軍之念。孫中山長期和上述民國政治人物過從，時有交流，他的尚武思想也是有跡可尋。[53]

1903年《奏定學堂章程學務綱要》頗強調兵操，兼備各種武事元素。當中有說：

> 中國素習，士不知兵，積弱之由，良非無故。揆諸三代學校，兼習射御之義，實有不合。除京師應設海陸軍大學堂，各省應設高等普通專門各武學堂外，惟海陸軍大學堂暫難舉辦。茲於各學堂一體練習兵式體操，以肄武事，並於文高等學堂中，講授軍制、戰史、戰術等要義。大學堂政治學門，添講各國海陸軍政學，俾文科學生稍嫻戎略。此等學生入仕後，既能通曉武備大要，即可為開辦武備學堂之員，兼可為考察營務將卒之員。[54]

1906年剛建立的學部在《奏請宣示教育宗旨折》指陳國人內外柔弱，「欲救其弊，必以教育為挽回風氣之具，凡中小學堂教科書，必寓軍國民主義，俾兒童熟見而習聞之。國文、歷史、地理等科，宜詳述海陸戰爭之事蹟，繪畫炮台、兵艦、旗幟之圖形，敘列戍窮邊、

使絕域之勳業；於音樂一科，則恭輯國朝之武功戰事，演為詩歌，其後先死綏諸臣，尤宜鼓吹抱揚，以勵其百折不回視死如歸之志；體操一科，幼稚者以遊戲體操發育其身體，稍長者以兵式體操嚴整其紀律，而尤時時勖以守秩序、養威重，以造成完全之人格」。[55] 但軍操畢竟是軍隊所用，對普通人來說不著邊際亦淡而無味，漸失吸引力。雖然在 1915 年，在蔡元培教育思想的影響下，全國教育聯合會發表了《軍國民教育實施方案》的決議，仍提出了十條：小學生宜注重作戰遊戲；各學校應添中國舊有武技；師範學校及各中等學校之體操學科內，宜於最後學年加授軍事學大要；中等以上學校之兵式操，宜於最後學年實行射擊。[56] 1918 年第一次世界大戰結束，積極實行軍國民教育的德國戰敗，表明軍國民教育和兵式體操退潮，取而代之的是西式體育。

在華語語境中，「運動」和「體育」常被交換使用，兩詞更夾雜著 sport、physical exercise、physical education 的內容。[57] 一般來說，physical exercise 意指一般的體能活動或鍛鍊，sport 的內涵複雜，從西方定義簡單講是特定類型的競賽遊戲，或如聯合國教科文組織（UNESCO）下屬的「國際運動暨體育會議」（International Council of Sport and Physical Education, ICSPE）所定義，可以「是較狹隘地只把它理解為主要源起於英國，十九世紀下半葉起擴散到全世界，通常

被視為具備競爭性質、追求紀律與不斷超越的『現代運動』」。[58] 至於 physical education，是在教育體系之中和以外的身體鍛煉活動和課程，其目的卻超越身體活動的片面，朝生活教育的目的進發，所以常受國家支持。[59] 另有一詞 physical culture，原指十九世紀以來在歐美以遊戲、舞蹈和康體活動來教養規訓身體的社會運動。[60] 但在華語地區，也有人用體育文化來形容不同社群或者民族的體能活動或鍛煉的特質，其教育內涵以至在生活上面的呈現和影響。例如有學者通過比較和經驗整合，歸納出西方的體育文化富有外向性的特徵，希望透過身體的鍛煉提高人體的能量與技巧，以個體為本，公平的鬥智鬥力，以求超越個人，最終產物是平衡德、智、體的個體人格。相對地，華人的體育文化基本上是內向性的，重視人的身心潛能的內向開發與實現，以武技、非對抗性遊戲和簡單的身體活動達成，成果是整體、圓融、靜蘊、調和的人格。[61]

這裡我們專注講體操和體育。簡單說，晚晴至民初流入中國的體操源自瑞典和德國，以系列式的複雜和協調動作鍛煉個人的體質、姿態和意志力。當中也有加入器械體操的內容。體育項目則以英、美諸國為藍本，有大量的球類，田徑和其他個人和隊際的競技項目[62]。體操一詞為日文翻譯而來，經一眾留日學生傳入中國，當中同盟會成員徐一冰在 1905 至 1907 年間，在日本大

森體育學校專攻體育，回國後協辦中國體操學校。觀其教程，明顯要逐步放棄兵操，代之以中、小學的遊戲和體操，男女同樣受惠，甚至可以加入技擊一門。[63] 1905至1908年間，以體操或體育為名的學院在全國，包括杭州、長沙、瀋陽、上海、成都、昆明、福州、鄭州、蘇州等地出現。[64]

美國教育哲學家杜威（John Peuay, 1859-1952）倡議的「實用主義教育」開始主導五四以後的兒童教育。「實用主義教育」強調從「兒童的本能、衝動、需要和興趣出發」，塑造出他們的「個性自由發展」。由是，1921年以大總統令公佈了《學校系統改革案》，即1922年的「壬戌學制」學制，採用美國的六三三學段分段法，又稱「六三三學制」，即小學六年，初中三年，高中三年。當中和體育關係密切的，是在1923年《新學制課程綱要》中將「體操」改為「體育」，體育課以田徑、體操、球類、遊戲等為主要內容，標誌著兵操在學校教育中被徹底廢止。所謂體育課，加授生理和衛生知識，規定了總課時和學分，完善了教材體系，把一堂體育課分為準備運動（隊形練習和上、下肢運動）、主運動（體操、競技）、整理運動（走步和呼吸）三個階段。[65]

學校以外，西式組織亦為傳播近代體育和衛生觀念的據點，當中中華基督教青年會（Young Men' Christian

Association）最值得討論。基督教青年會於 1844 年成立於倫敦，旨在培養工業化和城市化時代的年輕人的健全德（Spirit）、智（Mind）、體（Body）。基督教青年會後來在世界各地建立分會，並在 1885 年左右開始活躍於中國福州和北京通州。1906 年王正廷（1882-1961）在日本創辦中華留日基督教青年會。到 1912 年，青年會在中國已經設立市會二十五處，校會一百零五處。基督教青年會在中國的全國組織在 1912 年成立於上海。中華基督教青年會領導人王正廷早年留學日本，1910 年在美國耶魯大學取得博士學位，頗有學術聲望，在民國時代一直是國民黨以至後來南京政府要員。[66] 其他要員如顧子仁（1887-1971）及余日章（1882-1936），後者和國民黨關係密切。中華基督教青年會組織健全，體育幹事如晏斯納博士（Max J. Exner, 1871-1943）、饒賓森（Clarence Hovey Robertson, 1871-1960）和格林（Robert Gailey, 1809-1950）都甚有資歷。[67] 加上其宗旨是提供新知、服務社會、安排新式體育活動和去除舊社會劣習，頗能引發五四新一代的共鳴。觀中華基督教青年會提供的體育活動，仍以球類、田徑和體操為主，輔以各種健康衛生講座。

同時，大型的西式運動會亦開始出現。1910 年，傳教士愛克斯納（生卒不詳）通過上海基督教青年會發起全國學校區分隊第一次體育同盟會。該個後來簡稱為

全運會的盛事，10 月 18 日在南京南洋勸業場舉行，項目包括田徑、足球、網球和籃球。分高等組、中等組、學校組三組比賽。華北、上海、華南、吳寧（蘇州、南京）、武漢五區（分別以青、紅、紫、藍、黃五色表示）共派一百四十名運動員參加，據說入場觀眾上萬，但女性運動員卻在 1924 年第三屆才有一展身手的機會。[68] 1914 年在北京舉行的第二屆全運會，亦非常成功，觀眾對田徑和球類等等的項目，和身穿運動服，身體壯碩的運動員和讚賞不已。[69] 1913 年在馬尼拉舉行的遠東運動會，雖然後來被批評在美籍人士布朗（Elwood S Brown）及基督教青年會的影響下，向東南亞地區輸出基督教價值和美式平等主義，[70] 但中國運動員的出色表現，卻令渴望「運動強國」的國人更添想像。1915 年中國舉辦遠東運動會和 1924 年一直由基督教青年會主導的全運會復歸中國人全力舉辦顯示西式的鍛鍊和競賽已經漸漸普及。

第四節
小結

———

　　在體操一片風行，體育慢慢冒起的時候，中國武術要令人確信能承先啟後，既能保存發揚中國優良傳統，又能帶領新一代邁向一個先進的現代文明，挑戰可算不少。古代的武術文化資源，流傳到今不能全數應用，部份法術飛仙的成份更該敬而遠之。但要進入現代同時不完全被西方的體育文化所牽引，亦有難度。就以健體一項來說，中國武者常言，習武能強身健體，但只是個印象式的講法。練那種功夫，能令身體有那種好處？如何能驗證？就算是用中醫的概念和詞彙，大概那時候沒太多武者能講得清楚。畢竟同樣認識中醫和武術，又能融匯解釋，著書立說的還是極少數。相反，西方的現代運動背後有較完整的醫學和生物學基礎，應用、解釋和驗證都較有系統。但就在健體這個範疇，中國武術要達到類似的系統已經極不容易。如果要跟隨文化氣候，用西方的概念和話語來解釋，就是難上加難，甚至不獲業者和習者接受。觀當時的中醫，較開明者如蔡小香（1862-1912）、張錫純（1860-1933）等，都努力匯通中、西

醫，[71] 但也只能小步子走。所以武術的路要走下去，就有所謂篩選、重構、再表達的需要。過程中，也得在不同程度上和西方標準接軌。

以下要談的馬良的中華新武術和差不多時間成立的中國精武體操學校算是重要的嘗試。兩者都力圖將武術去神秘化，抽離之前的俗民味道，並且在新的法式和環境中重整，統一並以新的方法傳授。中華新武術講求實效，體操的味道濃厚，但歸根究底還是以武術為本位。精武會更是徹底地走向體育之路。其他的幾個研究社，也各有風格。

注釋

1　方維規：〈論近代思想史上的「民族」，「nation」與「中國」〉，
　　《二十一世紀雙月刊》期 70（2002.4），頁 34-35。

2　徐良高、周廣明：〈當代民族國家史的構建與「最早的中國」之說〉，
　　《南方文物》期 4（2016），頁 3。

3　陳國棟：《東亞海域一千年（增訂版）》（台北：遠流出版社，
　　2013），就道出明代時從阿拉伯海到日本貨物流轉的盛況。

4　Paul A. van Dyke, *The Canton Trade: Life and Enterprise on the
　　China Coast, 1700-1945* (Hong Kong: Hong Kong University Press,
　　2005) 就利用中，英，荷等文字史料，指出廣州外貿體制不在於排拒
　　外商，而在於有秩序地處理外貿。

5　孫隆基：〈從「天下」到「國家」──戊戌維新一代的世界觀〉，
　　《二十一世紀雙月刊》期 46（1998.4），頁 34.

6　Friedrich Meinecke, *Cosmopolitanism and the Nation State*,
　　translated by Robert B. Kimber (New Jersey：Princeton University
　　Press, 1970), p.13-16.

7　許紀霖：《中國時刻？從富強到文明崛起的歷史邏輯》（香港：香港城
　　市大學出版社，2019），頁 79。

8　方維規：〈論近代思想史上的「民族」，「nation」與「中國」〉，頁
　　34。

9　王柯：〈「民族」：一個來自日本的誤會〉，《二十一世紀雙月刊》期
　　77（2003.6），頁 73。

10　同上，頁 74。

11　主要觀念，見王春霞：《「排滿」與民族主義》（北京：社會科學文獻
　　出版社，2005）。

12　王柯：《消失的「國民」──近代中國的「民族」話語與少數民族的
　　國家認同》（香港：中文大學出版社，2016），頁 106-109。

13　中國社會科學院近代史研究所編：《孫中山全集（冊 1）》（北京：中
　　華書局，1981 年），頁 88。

14　同上，冊 1，頁 324。

15　王柯：《消失的「國民」──近代中國的「民族」話語與少數民族的
　　國家認同》，頁 112。

16　關於中國近代的積極與保守，可以參考余英時：《現代儒學的回顧與

展望》（北京：生活・讀書・新知三聯書店，2004）。

17　羅志田：《亂世潛流：民族主義與民國政治》（上海：上海古籍出版社，1998），〈自序〉，頁2。

18　李經緯、鄭良：《西學東漸與中國近代醫學思潮》（武漢：湖北科學技術出版社，1990），頁110-111。

19　李秉奎：〈民國醫界「國醫科學化」論爭〉，《歷史研究》期2（2017），頁57-72。

20　（美）艾愷（Guy Salvatore Alitto）著，王宗昱、冀建中譯：《最後的儒家：梁漱溟與中國現代化的兩難》（*The Last Confucian: Liang Shu-ming and the Chinese Dilemma of Modernity*）（南京：江蘇人民出版社，2003），頁8。

21　羅志田：《亂世潛流：民族主義與民國政治》，第1章。

22　桑兵：〈陳寅恪的西學〉，《文史哲》期6（2011），頁52-67。

23　黃克武：〈何謂天演？嚴復「天演之學」的內涵與意義〉，《中央研究院近代史研究所集刊》期85（2014），頁129-187。

24　有關國粹派的研究，可以參考鄭師渠：《晚清國粹派：文化思想研究》（北京：北京師範大學出版社，1993）。

25　王桐蓀等選注：《唐文治文選》（上海：上海交通大學出版社，2005），頁180-184。

26　楊瑞松：《病夫，黃禍與睡獅》（台北：政大出版社，2010），頁27-31。

27　同上，頁28。

28　馮兆基（Edmund S.K.Fung）著，郭太風譯：《軍事近代化與中國革命》（*The Military Dimension of the Chinese Revolution*）（上海：上海人民出版社，1993），頁22。

29　Thomas Harnisch, *Chinesische Studenten in Deutschland. Geschichte und Wirkung ihrer Studienaufenthalte in den Jahren von 1860 bis 1945* (Hamburg: Institut fьr Asienkunde, 1999), p.50.

30　Nicolas Schillinger, *The Body and Military Masculinity in Late Qing and Early Republican China* (Lanham: Lexington Books, 2016), p.11.

31　Constantin von Hanneken, *Briefe aus China 1879-1886* (Cologne: Bohlan Verlag, 1998), p.116.

32　Nicolas Schillinger, *The Body and Military Masculinity in Late Qing and Early Republican China,* p.3.

33　馮兆基：《軍事近代化與中國革命》，頁 28。

34　王栻：《嚴復集（冊 2）》（北京：中華書局，1986），頁 484。

35　楊瑞松：《病夫、黃禍與睡獅》，頁 38。

36　（日）深町英夫著 / 譯：《教養身體的政治：中國國民黨的新生活活動》（北京：生活·讀書·新知三聯書店，2017），頁 5。

37　梁啟超：《新民說》（鄭州：中州古籍出版社，1998），頁 191。

38　高翠：《從「東亞病夫」到體育強國》（成都：四川人民出版社，2003），頁 9。

39　詳見《民國國術期刊文獻集成》卷 29-30。

40　郭嘉輝、劉繼堯：〈民國尚武精神的剪影：孫中山尚武精神及精武體育會的發展〉，《中國史研究》輯 103（2016），頁 245。

41　《新版魯迅雜文集：墳，熱風，兩地書》（杭州：浙江人民出版社，2002），頁 263。

42　主要參考彭偉文：「19、20 世紀廣州及佛山的武館與勞動者互助組織——關於廣東醒獅的傳承者集團的一個社會史考察」發表於 Postgraduate Student Forum: Current Asian Anthropology，Department of Anthropology, the Chinese University of Hong Kong, 21-22 January 2011 http://www.cuhk.edu.hk/ant/PostgraduateForum2011/Heritage/PENGWeiwen.pdf，2021 年 3 月 28 日瀏覽。

43　我是山人：《佛山贊先生（上冊）》（香港：陳湘記書局，1952），頁 1。

44　趙式慶等著：《客武流變——香港客家功夫文化研究》（香港：商務印書館，2020），頁 71-72。

45　鄭德華：《土客大械鬥：廣東土客事件研究 1856-1867》（香港：中華書局，2021），頁 211-213。

46　Jiao Yupeng, "Martial Arts, Apocalypse, and Counterrevolutionaries: Huidaomenand Rural Governance in Modern China, 1919-1961," PhD Dissertation, University of California, San Diego, 2020, chapters 1-2.

47　王恩溥：〈談談六十三年前的體育運動〉，中華人民共和國體育運動委員會，運動技術委員會編：《中國體育史參考資料（輯 3）》（北京：人民體育出版社，1958），頁 121。

48　北洋大學 - 天津大學校史編輯室：《北洋大學·天津大學校史：1895 年 10 月 -1949 年 1 月》，卷 1，頁 91。

49 王照欽，〈晚清西式兵操的形成及其體育內涵〉，2011 年慶祝建國 100 年節慶與賽會國際學術研討會，頁 13;http://ir.lib.ctu.edu.tw/bitstream/310909700/6443/3/2.%E7%8E%8B%E7%85%A7%E6%AC%BD-%E6%99%9A%E6%B8%85%E8%A5%BF%E5%BC%8F%E5%85%B5%E6%93%8D%E7%9A%84%E5%BD%A2%E6%88%90%E5%8F%8A%E5%85%B6%E9%AB%94%E8%82%B2%E5%85%A7%E6%B6%B5.pdf, 2021 年 3 月 14 日查閱。

50 王照欽，〈晚清自強軍的兵操體育〉，2009 台灣運動哲學學術研討會，頁 7;http://ir.lib.ctu.edu.tw/bitstream/310909700/6442/3/1.%E7%8E%8B%E7%85%A7%E6%AC%BD-%E6%99%9A%E6%B8%85%E8%87%AA%E5%BC%B7%E8%BB%8D%E7%9A%84%E5%85%B5%E6%93%8D%E9%AB%94%E8%82%B2.pdf, 2021 年 3 月 14 日查閱。

51 趙雨樂：〈從尚武到體育：論辛亥革命前後的軍國民教育風氣〉，麥勁生、李金強編：《共和維新：辛亥革命百年紀念論文集》（香港：香港城市大學出版社，2013），頁 362-363。

52 呂鳳英：〈尚武和愛國的教育思想對近代中國學校體育的影響〉，《國立體育學院論叢》期 12（2007），頁 2。

53 趙雨樂：〈從尚武到體育：論辛亥革命前後的軍國民教育風氣〉，頁 367-371。

54 舒新城：《中國近代教育史資料（上冊）》（北京：人民教育出版社，1979），頁 212-213。

55 同上，頁 223。

56 劉帥兵：〈民國時期體育議決案對武術教育發展的影響〉，《體育科學》卷 37 期 5（2017），頁 33。

57 台灣學者湯志傑對此討論甚詳，見其：〈體育與運動之間：從迥異於西方「國家／市民社會」二分傳統的發展軌跡談運動在台灣的現況〉，《思與言》卷 47 期 1（2009），頁 1-126;〈運動 ≠ sports：本土運動觀念初探〉，發表於休閒生活：台灣社會變遷基本調查計畫第十二次研討會，台北：中央研究院社會學研究所，2008-09-20（2021 年 3 月 20 日，於中央研究院其個人網站下載）。

58 湯志傑：〈體育與運動之間：從迥異於西方「國家／市民社會」二分傳統的發展軌跡談運動在台灣的現況〉，頁 4、9。

59 湯志傑：〈運動 ≠ sports：本土運動觀念初探〉，頁 7-8。

60   David H. K. Brown, "Physical Culture," *Societies 1*, no. 9 (2019), https://www.researchgate.net/publication/331880405_Physical_Culture, retrieved on 21 September 2021.

61   易劍東：《體育文化》（新北：智揚文化，1998），第 8 章。

62   Andrew D. Morris, *Marrow of the Nation: A History of Sport and Physical Culture in Republic China* (Berkeley: University of California Press, 2004), p.17.

63   崔樂泉：〈社會思潮影響下國人近代體育觀變遷研究〉，《體育學研究》期 1（2018），頁 52。

64   何啟君等：《中國近代體育史》（北京：北京體育學院出版社，1989），頁 78-79。

65   谷世權：《中國體育史》（北京：北京體育大學出版社，2003），頁 218。

66   趙曉陽：《基督教青年會在中國：本土和現代的探索》（北京：社會科學文獻出版社，2008），頁 10-14。

67   Bo Zhiyue, *China's Elite Politics: Governance and Democratization* (Singapore: World Scientific, 2010), p.37.

68   游鑑明：《運動場內外：近代華東地區的女子體育（1895-1937）》（台北：中央研究院近代史研究所，2009），頁 161。

69   Andrew D. Morris, *Marrow of the Nation*, p.21.

70   Stefan Hьbner, "Muscular Christianity and the Western Civilizing Mission: Elwood S. Brown, the YMCA, and the Idea of the Far Eastern Championship Games," *Diplomatic History*, Vol 39, Issue 3 (2015), pp.532-557.

71   李經緯、鄭良：《西學東漸與中國近代醫學思潮》，頁 110-111。

第五章

建設武術：二十年代的嘗試

在刮著西風、體育風的時代，中國武術該在什麼形式和體制之中持續發展？是養生還是競技？還是各種的匯集？哪一種組合，會讓傳統武術發揮保護既有文化，強國保種，又不落後於時代？武術的教與習者，成分比較複雜，從前朝士大夫到共和權貴，舊學專家到西學領導，體育先鋒到市井流氓，一應俱全。他們同樣感受到前路難行，但在保存以至重振傳統武技的構想和做法，文化和政治精英和一般傳授武技的師父不盡相同。在政治、民族國家建設和西方政治和體育力量交織之下，嘗試建構中國武術者，都努力在這些因素之間找到平衡點。他們的視野和能量，決定了方向和可以動用的資源，甚至是成敗。在三十年代之前，馬良和中國精武體操（體育）會作出了極大的努力。許禹生（1878-1945）成立的北京體育研究社和吳志青（1887-1951）參與領導的中華武術會亦有相當貢獻。據不完全統計，北京除1911年成立的北京體育研究社外，還有中華尚武學社等二十五家武術會社。上海除1910年成立的中國精武

體操會和中華武術會外，還有三十多家武術會社。天津除 1911 年成立的中華武士會外，還有道德武術研究會等十餘家武術會社。[1] 其他大中城市如青島、成都、重慶的情況也相當興旺。基本上，這些組織的創辦人都和民國政治有不同程度的聯繫，也都希望武術成為民族和國家建設的手段，其要點在教育遠多於軍事，目標是提高國民身心修養。對於外國體育方法和理論，他們有不同程度的借鑑。馬良有圖冊傳授中華新武術，精武、北京體育研究社和中華武術會也各有刊物，為武術建立新的論述。當時改造國民身體的想法漸被接受，義和團的餘波亦開始散去，1911 年的中央教育會議提議學校教育包括傳統武技，[2] 之後陸續有教育組織和應。1920 年代武術發展有了新的氣象，但也遇上不少困難，功過也得多方面去考量。

第一節
馬良「新武術」的成與敗

　　馬良（1875-1947），字子貞，河北清苑人，畢業於北洋武備學堂，對中國武術在近代的發展，作出相當的嘗試與貢獻。馬良是軍人，所以改良武術的事業，先重軍事，後達教育。1901年開始，馬良在山西武備學堂擔任教習時候，已經開始創編武術教材，並加以試行，由於具有體操風格，被趙爾巽（1844-1927）稱為「馬氏體操」。[3] 此後，馬良曾在不同地方任職，乘機將其武術在軍中推廣。1911至1914年前後，馬良先後兩次邀請武術名家，撰寫和修訂「中華新武術」教材，內容包括摔跤、拳腳、棍術、劍術。

　　1913年，馬良於山東濰縣，在商界、學界的支持下，建立體育社，並開始在當地的學校教授「中華新武術」，將之前試行在軍隊的系統推向民間。1915年，時任國務院總理靳雲鵬（1877-1951）和山東巡按使蔡儒楷（1869-1923）提議，將「中華新武術」在警員系統、部分學校試行。同年，全國教育聯合會召開，關於軍國民教育的部分，建議學校應該加入武技，[4] 有助他積極

將「中華新武術」變成教育制度的一部分。

馬良在三十年代的《中華新武術初級拳腳科》〈序言〉中回眸他改革武術的要旨：

> 常見小有名之武士，與未學武術者，突有鬥毆，反為未學者所勝。考其所以，皆學者不明實施之要，拘與門類之所致也。雖有深知秘奧高明之武士，於實施之要，確有把握，亦無誘導後進入門之專書。大抵文人之筆墨，不過資談助而已。……當務之急，十數年來，綜合各門之武術，採取精華，發明千百年難解之秘奧。[5]

作為一個講求實戰效能的軍人，他強調學者要知「實施之要」。久經沙場，他也不會不知道古典的兵學在現代已經沒用武之地，所以他少講傳統，也避談形而上的大道理。同樣地，他希望可以遠離既有的民間武術生態。中國古代的武術傳播，主要在不同的村落、宗族、行會等空間進行。隨著清代中葉之後，中國出現不同層面的變革，出現新的社會單位。馬良構想的新武術通過保安部隊、學校和印刷品傳播，開放更多空間，[6]讓武術踏着時代的步子，在新的空間流動。也因為有這些創新想法，它可以放膽「綜合各門之武術，採取精華，發明千百年難解之奧秘」，進行武術的重組，希望

最後可以去除門派，綜合各家各派為一，寫成「誘導後進入門之專書」。之後可以在不同的層面推行，「並就教育經驗，逐漸修正」。[7]

綜合而言，馬良動用的西方體育資源，不少於傳統武術。套路化、體操化和新傳播範式是馬良「中華新武術」的特色。[8]馬良邀請一些知名的武者，創編拳腳、棍術、劍術等套路，按馬良的說法，是提煉不同流派，加以整理，再釐定招式的順序，讓不同流派的精華自然呈現於套路。因為套路的動作有劃一標準，無論個人或團體，都可以按照口令，進行練習，得到接近的成效。「中華新武術」的練習方式，借鑑了西方的兵式體操，教學和訓練，既可以單人、多人，甚至團體。在《中華新武術初級拳腳科》〈凡例〉中，馬良有清楚的表達：

> 繪圖具說，其中語言，但取粗俗易明，使學者可以一目了然，便於普及。……此變採取之門類雖多，概係各門之精華。共分二十四法，各法中包藏運用之奧妙甚多。……此編共分為上下兩課。基本教育與連貫教練為上課；對手教練與連貫對手為下課。學者須先將上課習熟，……乃能有根底，再操下課。[9]

所謂「上課」，為個人或團體的練習，目的是熟練招式；「下課」則是講求對練，例如下圖：

同時，馬良又詳細描述用法：「（如一式）⋯下手人（上手人）右（左）手還抱肘式。同時身體半面向右（左）。左（右）手向前向右（左）向下猛伸。手心向上，手指半向右（左）。右（左）腿下彎。左（右）腿登直。上手人（下手人）即按基本教練用掌二式之姿勢動作。以右（左）掌外外面，向左（右）向下猛劈。下手人（上手人）之左（右）手心。（如二式）。」[10] 這種標準化、規範化和教程和傳統的口傳身教大異其趣，不被武林同道歡迎自可想見。

再者，馬良在《中華新武術初級拳腳科》嘗試用現代話語作更清晰解說，再以繪圖、詳細描述的方式呈現，具體說明用法，有利普及武術。古典文獻的講解，一般太簡單也太抽象，如程宗猷的《秘本單刀法選》，

一招「入洞刀勢」：

　　上圖的文字描述是：「此亦開左邊門戶，側身放空，餌彼槍入，則將刀自下掤起他槍，進右步，單手自下斜撩而上」。[11] 由於只有一張繪圖，所以「入洞刀勢」，整個運動路線，閱者還要依靠自己的想像。馬良作品裡面的動作繪圖，將動作分拆多圖，例如以下的「前進正踢」：

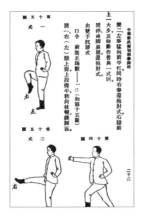

　　文字的描述：「右（左）腿上提。上段提平，稍向後彎，繃腳面。腳尖向下，與左（右）腳尖齊。眼向前

平視，左（右）腳與腰及脖頸挺直，站穩，不准稍有鬆懈，否則身體搖動。（如一式）……。」[12] 一個動作，分解多圖，加上淺白的文字描繪，自然方便閱者，更易明瞭。

馬良的「中華新武術」呈現了武術近代化轉型的嘗試。其他武術家、不同的武術組織，也同樣邁向這些嘗試。然而，為何馬良被後人所詬病？他的政治取向，令他不納於群眾，是原因之一。究當時文化和政治風向，軍操已走下坡，馬良求以此改造中國武術，反令他兩面不討好。舊文化人和武術業者，批評「馬氏體操」機械，無內容，也認為他掏虛了中國武術的多元性和豐富文化內涵。新文化學人對他的厭惡，見於 1918 年 11 月陳獨秀（1879-1942）在《新青年》所發表的〈克林德碑〉一文：

濟南鎮守使馬良所提倡的中華新武術，現在居然風行全國。我看他印教科書（曾經教育部審定）中的圖像，簡直和義和拳一模一樣；而且他所作的發起總說中，說道：『考世界各國，武術體育之運用，未有愈於我中華之武術者。前庚子變時，尚有不受人奴隸製主動力；惜無自衛制人之術，反致自相殘害，浸以釀成殺身之禍。……』豈不是對於義和拳大表同情嗎？[13]

陳獨秀仍將「義和拳」和「中華新武術」聯繫，並不公允，但也反映出在講科學的知識青年眼中，武術依然依附於養神、練氣、練精等等舊文化。而馬良推動武術，主要在軍隊及教育層面，兩者皆涉及北洋政府。1917年，馬良得到陸軍部支持，由陸軍部諮行訓練總督和員警總監，將「中華新武術」列入軍警必習之技能。同年，第四次全國教育聯合會上，通過以「中華新武術」作為全國高等以上各學校、各專門學校的正式體操。但在當時，各省沒有一致性的措施和體制將之推行。[14] 而「中華新武術」為北洋政府所接受，本來有利推廣，但「中華新武術」也因此被認定和北洋政府尊孔讀經等舉措一樣旨在復古，難脫開時代的倒車、不合時宜的指控。1919年，馬良出任濟南鎮守使期間，因為鎮壓學生請願，逮捕及殺害一些請願人士，釀成了震驚全國的「山東慘案」，因此遭受譴責，更不利他推行「中華新武術」。抗日戰爭時期，馬良投敵附逆，先後出任濟南維持會會長、汪偽政府山東省省長、汪偽華北政務委員會委員等職。如此，被支持者認為高度統一、規範動作，便於學習，但被反對者看成生硬、乏味的「中華新武術」也未有得到更大的結果。

第二節
精武會的體育之路

霍元甲（1868-1910）建立中國精武體操學校的故事，前者討論已多，當中包含的元素，不離霍元甲家傳武功，使其轉文弱為武強，後來霍元甲先後在 1909 年和 1910 年赴上海會戰俄國大力士，聲譽驟隆，並因此事和革命派人士如陳其美（1878-1916）和農勁蓀等相熟。當中農勁蓀有技擊背景，留日返國後接受孫中山的安排在京津一帶活動，有緣和霍元甲交遊。霍元甲揚名後，得陳其美邀請在上海謀辦軍事學校，為國家建立革命人才。眾人一拍即合，於 1910 年 7 月 7 日在上海華界閘北的王家宅成立中國精武體操會。但霍元甲主理該會僅兩月，猛然猝死。霍元甲的死因，根據陳鐵生在 1919 年的《精武本紀》中〈大精武主義〉所述，霍元甲震懾西洋大力士，又連退趙、孫兩位拳師之後：「有小人國艷力士之技，鬭與角，折脅者數人，乃衛力士。知力士方患嗆。薦其同黨醫生秋某為治嗆。力士性率直，受之不疑。當時力士正剏立精武體操會（精武之始名）於閘北之王家宅。不旬日而力士遽歸道山矣。

力士歿之翌晚，秋醫已鼠竄歸窟。力士門弟子大疑，檢力士日服之餘藥，付公立醫院察之。院醫曰此慢性爛肺藥也。」[15] 說的是「力士方患嗆」，日本仇家成機加害。1918 年廣東精武會成立，其會紀亦說「霍君新染咳症」。[16] 到 1957 年陳公哲（1890-1961）的《精武會五十年》，說法卻有補充，謂霍元甲少年時候練習氣功不得其法，閉氣太久導致體內氧氣耗盡，二氧化碳積聚使肺部微血管爆裂，遂形成咯血病症，「……時發時癒。日人有賣仁丹藥物者，時到旅邸，出藥示霍，謂可癒咯血而治肺病，霍先生信之，購服之後，病轉加劇」，最終病逝。[17]

霍元甲逝世後，他成為了精武的標誌，但其為數不多的弟子如劉振聲生計亦成問題，會務與經費，全賴一眾之前同盟會和成立不久的國民黨成員及其友好支持。精武從 1910 年體操會到 1916 年易名體育會，和國內體育和政治風氣的變化十分一致。霍元甲本身是武人，體育理念未必完整，反而任首屆精武體操會會員的同盟會成員如徐一冰等，卻早已因為推動體育成名。[18] 1904 年，徐傅霖（1879-1958）在上海創辦中國體操學校，到 1908 年由徐一冰主理，一直強調以體育強國。1914 年，徐一冰力陳之前「誤以軍事當體育」，謀重建內外兼修的體育。[19] 精武於 1910 年稱體操會，也講去除「東亞病夫」的污名，有徐一冰等人說法的影子。至於

1916 易名為上海精武體育會，除了因為軍國民思想退潮，連徐一冰主理的中國體操學校亦於 1914 年將主旨改為：「提倡正當體育」之外，精武教授拳術但址設租界，體育會一名較為讓外人接受。[20] 觀 1919 年 10 月 20日，孫中山為紀念精武十年出版的《精武本紀》所作序文指出：

> 精武體育會成立既十年，其成績甚多，識者稱為體魄修養術，專門研究之學會。蓋以振起從來體育之技擊術，為務於強種保國有莫大之關係。推而言之，則吾民族所以致力於世界和平之一基礎。[21]

之中的關鍵詞包括「體魄修養」，「專門研究」，「體育之技擊術」，「強種保國」，「世界和平之一基礎」，都是文化、教育和民族理想。孫中山勉強講到即使在熱兵器時代，「最終五分鐘之決勝常在面前五尺，短兵相接之時」，[22] 實則武術在現代戰爭之功用，他亦心知肚明。顯而易見，以武術強健身心，達致社群、民族以至國家的最大福祉，最終貢獻世界和平，是孫中山的說法。根本上，十年以來的精武，從體操到體育，亦走上身心修養之路，所謂：「故康健平等為人間第一大事，惟欲達此境，非體育不為功；講究體育，非技擊不為功。本會宗旨，以技擊為根本，以武德為皈依，輔以有

益之學科，正當之游藝，么匡健全，拓都普及，淑身淑世，向此目標進行。」[23] 觀其發展路向，是以技擊為本，延伸至中外知識，務求讓學員內外兼修，去除「東亞病夫」惡名。

精武體操會成立於 1910 年 7 月 7 日，但首本重要刊物《精武本紀》卻在 1919 年才出版，算是精武第一個年代的總結，也是我們瞭解精武最早期發展的主要資料。同時，精武精神的基本論述也見於《精武本紀》之後出版的刊物，如《中央》以會務報告為主，其續編《精武雜誌》亦然，但附有較多短篇文章。《精武特刊（1923）》《精武春秋（1929，兩期》和《精武年報（1931）》都是特刊。《精武畫報（1927-1932）》和《精武叢報（1933-1947）》出版時，精武的發展已漸趨平穩，所以理論上都不見有大突破。在新的時代，傳統兵學所能提供的文化資源相當有限，《精武本紀》收納的古代武術討論，大抵都是提及古兵器訓練的教育價值和古代武術文獻考據一類。如論弓矢講的是鍛煉：「壹志凝神」，「內志正，外體直」，「既尚力，亦尚德」的身心修養；[24] 古代的運動術考據上推古代的拔河、拳勇故事，略述拳術和健體活動在古代的面相；[25] 說儒學於武術，精要在乎「血氣方剛，戒之在鬥。又云寬柔以教，不報無道」，軍事與日常生活皆然。[26]

精武所授，都是來自民間，流傳已久的「國技」，

論其傳授形式卻已是全新的規格，而且受西方啟迪甚多。體制上，1915 年《中國精武會章程》制定後，精武體育會的組織，設總會及分會，總會由正、副會長、董事領導，分會亦設正、副會長、會董。總會下設四部：（一）技擊部，設拳術、兵器、對手、內功四門；（二）兵操部，主要教授兵式體操；（三）文事部，主要提供文化課程；（四）遊藝部，不同類型的文藝、體育活動。至於宗旨，從精武體育會的會徽可見；精武體育會的會徽為盾形，內嵌「精武」兩字和黃、藍、紅三星。「全用盾形，意取正當防衛也。而身，而家，而國，而世界，咸若此焉。」[27] 傳授方法，就如學校，「技擊一科，滿兩年為初級畢業，給以初等證書，襟飾黃星一顆。滿四年為中級畢業，給以中等證書，襟飾黃與藍兩星（藍星在民國七年以前用綠色。後因科學上之關係，知黃藍紅三色為色澤之母，故易之。）滿六年為高級畢業，給以高等證書，襟飾紅藍黃三星」。[28] 所授武功，以北派武術為主，拳腳兵器種類繁多，名師如七星螳螂拳羅光玉（1889-1944）、鷹爪翻子門陳子正（1878-1933）、霍元甲之子霍東閣（1895-1956）、羅漢門孫玉峰（生卒不詳）等。除了由技擊主任考察升級之外，「本會每年於秋季舉行技擊畢業禮並於是日運動。第一屆在民國元年十月二十七日，於王家宅第二會址前操場中，搭蓋演武台，來賓數千人」。[29] 學員表演的項

目，各式刀槍劍棍，拳腳套路，可算包羅萬有。除個人表演，亦有拳腳兵器對拆。兵操仍是主要一環，並有主任主理，亦有邀請各男女中學齊來兵操匯演。[30]

現代的武術傳播，和學術一樣，從口耳相傳發展至文字圖像載述，馬良的中華新武術走前了一大步，精武體育會亦善用這新技術。見精武刊物一般都有連載拳譜，圖文並茂地解釋套路姿勢，架式，動態和用途，連載的拳譜之後再匯集成書。據陳鐵生記：「余五年入精武會，八月撰譚腿第一路，登於上海商務印書館，學生雜誌第三卷，第八號之技擊叢刊欄，圖像由陳公哲用新式快鏡攝出，以存其真。是為精武以技擊術撰著成書，公諸國內之第一次。後遂按號刊登，至今不輟，計有譚腿，達摩劍，五虎槍，合戰，棍譜之五種。其全書殺青而另印單行本者兩種。」[31] 以印本圖文記載拳路，對於保存傳授技擊自然不無好處，教者有所本，學者有所隨，勝於從前師傅隨意發揮，但亦容易被批評使武術變得規格化和公式化。

精武的刊物的圖像，亦表現了新時代的群體活動和個人體態，都和現代體育價值息息相關。精武刊物之中，頗在意記載運動會和集體活動等盛事。有說精武講求的是體魄之勇，義理之勇和團體之勇。有載「紀安步團」成員十數人，每早「集會於虹口之大鐵橋，整隊步行直赴會所」，[32] 其他互相砥礪的團體如健兒團，修

文亦練武，「以竟其互相監督之功。」[33] 勵志團的目的亦相同。[34] 此等介紹，輔以圖片，令人精神奮發。個人姿態方面，陳鐵生和陳公哲為精武之骨幹，圖冊中他們有以短打和長衫出現，顯示出允文允武之形象；有時卻以西方力士姿態拍照，身穿獸皮，腳踏短靴，顯示出一身肌肉。其他精武成員，如姚蟾伯、盧煒昌（1883-1943）、趙連和、趙連城等均曾以力士形像現身，一改中國人文弱姿態，更貫徹武者精神煥發、身體健壯之形象。

精武的體育內涵求橫向兼及男女，縱向深入社會各階層，外層建立世界性，所以精武的活動很早就招募女性參加，據《精武本紀》，民國之年即有精武女子模範團之創，據說參與者「不數載，學者體力非常進步」。[35] 精武教練如盧煒昌，曾任教愛國女學，鄭灼元，姚蟾伯和陳公哲曾任教的上海廣東小學，女生參與學習拳術。[36] 當時教育體系已經頗能容立武術，精武一眾創辦者自然著力於中、小學開班授徒。當中如復旦公學、中華工業專門學校、東亞體育學校、松江江蘇省立第三中學、紀澄衷學校、嶺南中學等等，工商團體則有上海商務印書館工業同人於 1913 年創立的工界青年勵志會、雲南蒙自箇碧鐵路公司以至主要推廣西式體育的上海青年會。[37]

精武求以身體鍛煉達至心靈精神之提升，終極的人

格當然是內外兼修。重點不在形而上的理念，而在「全人智力、意志、感情之綜合」。[38] 西方展現的科技和科學眼光，自然為精武體育所希望能傳遞的。所以設有文事部，教授攝影，介紹精良西方攝影器材；講琴、棋、書、畫，音樂南北兼備，戲曲京粵俱揚，連西方弦樂鋼琴，亦為興趣班之內容。西方體育項目如網球、籃球、足球、溜冰、拔河、狩獵、遠足、乒乓球、自由和器械體操，無一不備。項目繁多的好處是古今中外，一應俱全，問題是體育遊藝逐漸沖淡了技擊元素，精武更似一個以武術為核心的體育聯會。得到了政要的加持，精武在一段時期頗能掌握「健體強國」的話語，但體育化和規範化的教育形式，卻讓「精武主義」和格鬥武技越走越遠。精武力圖闢除鬼神之說，去除門戶的看法，甚有進步意義，和時代大流亦一致，但卻無可避免地和地方門派產生張力。當精武發展到門派林立的南方，這種情況就特別明顯。

好一段時間，精武的理念和做法，不斷向不同中國城市，其後在東南亞各大城市輸出，陳公哲和盧煒昌等人的不斷奔走，當然居功不少，如成立於 1918 年的漢口精武體育會有記：「初上海精武會主任陳君公哲盧君煒昌來遊漢皋與曾（務初）勞（用宏）諸公周旋時，說及精武會宗旨之純正，體育功夫之重要，技擊國粹之當保存光大等偉論宏議，而諸君子遂有發起之決心。

嗚呼奇矣，漢會之成，豈知實胚胎於陳盧兩君之一夕話耶。」[39] 至於廣東精武，按廣東精武本紀所記，最初是廣東鎮守使李福林（1872-1952）請精武待聘技擊教練，上海精武派出葉鳳歧和楊琛倫赴粵，授武之餘，講述精武宗旨，李福林深感同情。陳鐵生乃應其邀請，於 1919 年春赴粵籌建廣東精武，在工商軍政各界支持之下，乃成美事。[40] 觀其宗旨，仍為「強其種而振其國也」。[41] 其形式不脫上海精武之格局，技擊之外，兼涉遊藝文學，[42] 亦靠學校、婦女團體和工商組織作為教授點。當中特別指出一點，就是廣東門派林立，要如上海精武一樣。去除門戶，似乎要額外努力，所謂：「吾國技擊家以廣州為極盛，惟各有派別，故至今日尚無一體育會成立，可為大憾。須知中國技擊，今日已傳至外國，極為外人所敬重，吾人又安可以派別而不求合力，以謀吾術之進步乎？廣州技擊家以鬥武為事，實一大病。吾願羣起改良，益且互相聯合，互相勉勵，以求日益精進，則廣東斯會可以不朽。」[43]

與廣州鄰近之佛山，一直是武術之鄉，南方武術之各大門派均立足於此。武風之盛有助精武落地生根，但同樣要在藏龍伏虎之地開新局面亦有難度。佛山精武之崛起，源於 1920 年春，陳公哲與上海精武主任陳士超（生卒不詳）到廣州參與廣州精武成立一年慶典，之後陳士超與一眾到佛山遊覽，與當地名流惺惺相惜，同樣

希望提倡體育，存種強國。志同道合之下，乃於 1921 年 7 月成立佛山精武。其體制儼如上海和廣東精武，國操部之外，另設遊藝和文事部，國操主任李佩弦（生卒不詳），副主任蔡麗秋（生卒不詳）、盧賀年（生卒不詳）和招沃生（生卒不詳）。[44] 1925 年雙十《佛山精武月刊》創刊，仍然秉承精武以體育強種，從而達致種族互相尊重以至天下太平之局面。[45] 正所謂「康健之精神常寓於康健之身體」，求民族之興盛，體育為重要基礎，中國之體育之精髓乃在拳術。[46] 然而，佛山的地方性仍然較強，一些投稿反映出個別人士對西式體育和社團並不完全接受，反而刻意劃分中式和西式的體育。有文章就強調「精武會完全中國化，青年會完全西洋化」。[47] 當中明指西式球類和中國技擊，西方鋼琴、小提琴和中式月琴、二弦，中式愛國布衫和西式背心短褲的極大差距。另外，南方拳種和俗民社會，如小說新興拳派的密切關係，也使得各種武林傳奇在《佛山精武月刊》之中，佔了一個很大的比重，也和精武的體育化和打破門戶的理念稍有出入。

精武欲將武術視為內外兼收的教育手段，健體之餘達至精神心性之提升，希望國民能好好自我管理身體，健康之餘能表達良好的體態與風度。觀其刊物收納文章一般的表達，還是比較樸實的中國話語，如推己及人的「仁智勇」，「正心、修身、齊家、治國、平天下」。[48]

談醫學和運動科學，解說西方義理較為顯淺，說傳統醫學亦點到即止。精武的所謂科學觀，也沒有太難懂的內容，如《精武本紀》所說的，「有健全的身心，然後方可有為。蓋體強神始充，心壯氣乃雄」的想法，[49] 練功不違生理，可達肌肉體態完善發展。[50] 知識論上是要求武術成為一種開放，相容並包的學科，少有更深入討論武術如何為一門科學。[51] 但為凸顯出武術的現代體育健康效用，有時也會出現過火的說法：

> 國操足以使人之肢體腰脊同時運動，以促血脈之流通。故凡腦病、胃病、肺病者，入會不數月而功效大見。即就在下而論，也曾患過很劇烈的精神病，不數月而復原。精神比從前增加數倍。凡與我認識者無不知之。[52]

論體育、精神以之德行亦然。有〈體育與進德〉一文，論體育和武術如何培養人之德性，令人遠離惡習，文中引盧煒昌的說法謂：

> 盧煒昌先生說，拳術是改造天賦的。因為鍛煉拳術可使四肢五臟平均發展，無太過不及之弊。而且練拳發汗又可以清血清腦，故此可使天賦不完全的變為完全，不平均的變為平均，渾噩的變為清

醒。那麼，種種罪孽自然不會發生。[53]

這些說法一定程度上反映出當時精武的體育理論的程度。

總體而言，精武的組織是進步的，也嘗試在西式體育和中國國技之間尋一平衡，在陳公哲、陳哲生和盧煒昌等有心人支援下，精武在社會得到上肯定，分會由漢口至廣州、佛山、香港達至越南和馬來西亞。然而，精武發展亦不無限制。固然它強調的內外兼修，保種強國頗合時代需求，但它走上的體育之路，卻令它一時間無法在西式體育興起的時代脫穎而出，它強調去神秘化合革除門派的宏願，一時間也難有成效。1925 年，致力支持精武的聶雲台（1880-1953）破產退隱，對精武之後的發展也有一定影響。

第三節
其他體育會的努力

　　鄉鎮為基礎的社團，從宋到清代都兼備地方經濟、防衛以至教化的功能。清末以來，城市出現了甚多的武術研究社。京津地帶作為西方列強進駐之地，接近權力中心，華洋文化競爭的氣氛特濃，武術研究社湧現，兼備研究和鍛煉的功能。[54] 取其大者包括 1911 年在天津創辦的中華武士會。在同盟會與武術家的支持下，該會以「團結武林同道、提高中華武術、振奮民族精神」為宗旨，第一任會長是同盟會燕京支部代表葉雲表（1885-1948）、副會長為馬鳳圖（1888-1973）、李存義（1847-1921）為總教習。中華武士會成立後，在不同城市，例如北京、濱江等設立分會，吸引了村落的武術家及居住在城市的市民參加。1914 年，還派武術名家郝恩光（1871-1923）等人，東渡日本設立分會。[55] 同時期意圖融合傳統武術和現代體育的，尚有許禹生為首的北京體育研究社和吳志青為首的中華武術會。許禹生（1878-1945），字霱厚，原籍山東濟南，自幼習查拳、譚腿，後隨楊健侯（1839-1917）學習楊家太極拳。民國時期，

許禹生任職教育部，在 1919 年的全國教育會聯合會建議在學校設置國術課，並成立體育學校，推動國術以增強青少年體質。[56]1912 年，許禹生邀請郭秋坪、鍾一峰、岑履信、關伯益、吳鑑泉（1870-1942）等武術名家，成立北京體育研究社，宗旨就是「以提倡尚武精神，養成健全國民，並專事研究中國舊有武術，使成系統」，[57]以祈普及國術、培養國術人才。中華武術會的領導人物吳志青，曾入讀上海中國體操學校，亦曾參加同盟會，和孫中山也有過從，並為上海精武體育會早期畢業的會員之一。他有深厚的太極根底，同時發展體育的意向非常明顯。1918 年 8 月，吳志青得謝強公和王一亭（1867-1938）等人協助，於上海發起組建中華武俠會，次年 2 月正式成立，並改名中華武術會，請來楊奉真、王占坤和韓凌森等名師教授武術。1923 年又創辦中華武術會體育師範學校，並任校長。同年加入西北軍，任第五軍總教練。[58]這些機構和組織，都貫徹當時的文化和政治氣候，希望武術不再是殺人技和舊迷信，而是轉化成為培養國民具有新知識和新眼光，而且意志堅強、身強力壯的鐵漢子的有效教育手段。[59]

關於說理，北京體育研究社和中華武術會有較多相關資料流傳。中華武士會成員，亦有嘗試以科學解釋武術。尤其值得一提的是劉殿琛（1885-？），為形意拳名家劉奇蘭（1819-1899）之子，也是位列首批將武術帶

入大學校園武術家，就在 1921 年出版的《形意拳術抉微》援引生理學，解說武術鍛練與肌肉之間的關係：

> 形意拳……全身之關節，皆沿數運動，軸以迴轉，而其筋肉之收縮程度，不張不弛，務使各方面筋肉同時收縮，無鬆緩者，方為圓滿。[60]

劉殿琛在書中開〈運動筋肉說〉一章，從頭、胴、四肢三部分說明肌肉的運用。例如中國武術所注意的姿勢：尾閭中正，能不能用生理學的肌肉概念解釋？劉殿琛在其著作中指出：

> 臀部用力下垂下腹筋肉掣骨盤於前下方，大臀筋亦用力收縮，成外轉大腿之勢，肛門括約筋亦縮小，肛門使向上方。腰部宜用方形，腰筋及橫膈膜收縮之後力，反張脊柱下部，使上身重點落在骨盤正中線上。[61]

尾閭中正，並非單純一種存想、想像，劉殿琛通過肌肉的參照，給予一個更明確、更易於操作的解釋及運動方法。

北京體育研究社創社時代和精武體操會成相約，同樣致力匯流科學與武術，但保留了中國武術一些古雅的

部分。觀其 1924 年創刊的《體育叢刊》，討論射藝、太極之篇章不少，而且有從武入道之構思。當中發揮古典名著甚多，如明人李呈芬的《射經》，強調練武必先氣靜心靜，所謂：

> 曾子之養勇，皆言養氣之難也。心定則氣靜，氣定則心亦靜，相依不離，相勝能亂。故習拳者，先明無極之理。使中心淵靜，空無所有，形神堅定，犯之不驚。自修如此，遇敵亦如此。[62]

要義也在從心而身，內外合一，心神以至身法手法統一。論太極之處，足本表達傳統話語如五行陰陽。[63]立足於傳統武術，貫徹強國保種之理想。許禹生一眾看到傳統武術社羣的不少陋習，談玄說怪流傳，真實武學卻流失，「偶遺一二精迹，第以供游僧強丐江湖賣藝者之炫弄」。[64] 但反過來，「近見有體操專家，以個人之一知半解，竊取拳術中三數無系統的姿勢，編為國技體操，徒襲皮毛」，[65] 同樣不是正確的發展方向。所以該社的目的，是保存拳術之固有精神，習武技之餘，亦求從體育生理學等知識求說明和匯通。

北京體育研究社顯示的是頗大的意圖，方法上和精武亦不謀而合，著書立說，引介外國武術如柔道，[66] 用力學（槓桿、螺旋），幾何學（平行、拋物、橢圓、弧

形），生理解剖學（生理及人體構造），運動生理學（年齡和身體強弱），心理學等等講解拳理。[67] 當中許禹生以下的說話頗有代表性：

拳術不恃多力，而以善用己力為要。力學以時間與距離速度互為消長。……其運力時與力學之六種助力器拱杆斜面尖劈滑車輪軸、螺旋均一一符合。1. 拱杆上肢如肩臂肘腕直屈伸手之持物。下肢如胯膝腳腕直屈伸。腿之行步站樁等均合杠杆倚、重、力三點距離之理。……2. 斜面如拳術腿之跳躍、手之推按、身之閃躲、岳氏連拳之撐躲式等均合此理。3. 尖劈如拳術雙臂之支撐、八卦拳之雙撞、長拳之挫劈雙遇、太極拳之野馬鬃式及進步錘形意拳之炮垂等均是。4. 滑車太極拳之海底針、單鞭下式、閃通背事、撇身槌之延轉，長拳之架打纏手等，皆如之。5. 輪軸如要腰之平運、腿之旋轉、掌致揉化，除八卦太極二種拳術全用輪之力外，其餘各拳合此運用者甚多。……6. 螺旋運動複雜，非極深拳術者未足以語此。如身法中之脊椎運動，手法中之纏絲手，擒拿術中之各運勁法，均深合此運用也。……[68]

武術的動作、其練習，都涉及身體結構。如何合理

地使用人體結構，需要配合具體的說明，非單純一套縹緲、樸素迷離的話語與想像。人體的結構，其訓練越合理、越能發揮效果；採用生理學、力學等知識，可謂有助於說明，自然被部分武術家所採用、接納，成為敘述武術原理的方法之一。許禹生的解釋，雖然略為初步，然而，作為中國武術的常用語，例如陰陽、氣之類的名詞，以西方知識作為輔助說明，無疑是一種新的嘗試。並且借用各式圖像記錄，方便讀者習者領會。為加強師資培訓，研究社成立第六年即開設體育講習所，三年後更名北京體育學校，但教習的具體實踐成效較難評估。傳播作品之中，不少討論肢體活動、呼吸和武術的關係，能讓人明眼看出傳說所謂易筋經，其實不外運動形式。[69]但西方所講的運動原理，如何應用於武術訓練，仍然言之不詳。

1921年，中華武術會的《武術》創刊，明言「研究武術上之知識、道德，技能為宗旨。並與各會員及各界、各團體，交換武術門類之智識」。[70]但因為以體育為主旨，「除設武術之研究以專欄外，大要在注重兒童體格之健全，婦女身心之發育，家庭衛生之鍛煉。皆為國民體育作指導準備」。[71]觀其言論，若論體育衛生，學員該講究飲食、個人與公共衛生。[72]當中如〈應用科學之武術〉一文，確立武術之研究方法，「（一）須按生理學之義理而不背衛生之要旨，（二）從心理學研究

求學者之智識，如何精確意志，如何高尚情感，如何活潑輔以音樂，助學者之興趣，（三）須合於教育上之程式，而養成是科人才。求普及于平民社會，（四）練習各種動作，須合實用，如交際上跳舞諸有規則之優美運動，改造社會之習慣，而以體育輔助德育精神，養成完全高尚之人格」，[73] 但此後再無開展討論，反而論肢體肌肉運動，養成良好生活習慣，戒煙禁酒的文章有相當比重。

第四節
小結

　　上述眾多人士和組織，除馬良有正式軍政職位之外，他們主要靠一些個人的政治參與和聯繫，改良武術並建立新的研究和教習組織以求推廣，意圖在新政治形勢下開闢新局面，也讓武術貢獻新國民。冷兵器和軍旅武術已經少有用武之地，他們只偶有談劍論箭。他們教與習的，主要是重新整理過的民間武術，但無論是宗旨、體制、活動空間和傳播方式都呈現出新面貌。當中利用新的教育體制、新興社團、新時代的組織方式和媒體等等之處甚多，同時也努力在不同程度上保存傳統武術的內涵。不過，新與舊的碰撞和磨合，結果還是一種選擇與轉化。體育化的走向，是大勢所趨，有利學校推行，也能去除一些不理想的舊元素。但諸如格鬥技術和相關的實用性就無可避免地逐步被套路、對練和會操等等取代。武術重點移向身心和精神的鍛煉，似乎貫徹傳統的德性培養，但也可以說是武術的進一步馴化，而且這時代武術要達至的精神品質，也已經和士大夫所講的不太一樣。同樣講健體，武術改革者謀求匯通中西話

語，我們甚至看到新譯的名詞和理念快速普及。1928
年中央國術館成立，更進一步的改造勢不可擋，翻起的
問題也更複雜。

注釋

1　江平、梅杭強、彭嬋：〈天津中華武士會之研究〉，《搏擊‧武術科學》卷 9 期 5（2012），頁 33。

2　劉帥兵：〈民國時期體育議決案對武術教育發展的影響〉，《體育科學》卷 37 期 5（2017），頁 33。

3　馬廉楨：〈馬良與近代中國武術改良運動〉，《回族研究》期 1（2012），頁 38。

4　劉帥兵：〈民國時期體育議決案對武術教育發展的影響〉，頁 33。

5　馬良：《中華新武術初級拳腳科》（上海：商務印書館，1930），〈序言〉，頁 1-2。

6　馬廉楨：〈馬良與近代中國武術改良運動〉，頁 37-44。

7　馬良：《中華新武術初級拳腳科》，〈凡例〉，頁 2。

8　下文談到「中華新武術」的意義，參考了，馬廉楨：〈馬良與近代中國武術改良運動〉，頁 37-44；孫雪娟等：〈《中華新武術》的推廣對普及武術健身操的意義〉，《搏擊》期 3（2012），頁 9-10、42；邱丕相等：〈「追美揖歐」式「中華新武術」的是與非〉，《上海體育學院學報》期 5（2011），頁 61-63。

9　馬良：《中華新武術初級拳腳科》，〈凡例〉，頁 1-3。

10　同上，頁 92-93。

11　同上。

12　同上，頁 22-23。

13　陳獨秀：《獨秀文存》（合肥：安徽人民出版社，1987），頁 239。

14　劉帥兵：〈民國時期體育議決案對武術教育發展的影響〉，頁 34。

15　陳鐵生編：〈大精武主義〉，《精武本紀（1919）》，頁 4；《民國國術期刊文獻集成》卷 1，頁 28。

16　〈霍西元甲遺事並精武體育會之梗概——廣東精武會紀〉，《精武本紀（1919）》，頁 219；《民國國術期刊文獻集成》卷 1，頁 251。

17　陳公哲：《精武會五十年》（瀋陽：春風文藝出版社，2001），頁 6。

18　胡玉姣：《乃文乃武、惟精惟一：上海精武體育會體育現代化研究 1910-1937》（上海：上海古籍出版社，2018），頁 21。

19　高翠：《從「東亞病夫」到體育強國》（成都：四川人民出版社，2003），頁 42。

20　胡玉姣：《乃文乃武、惟精惟一：上海精武體育會體育現代化研究

1910-1937》，頁 26-27。

21　孫文：〈精武本紀序〉，《精武本紀（1919）》，頁 1；《民國國術期刊文獻集成》卷 1，頁 3。

22　同上。

23　陳鐵生：〈大精武主義〉，《精武本紀（1919）》，頁 2；《民國國術期刊文獻集成》卷 1，頁 26。

24　鄭獻成：〈論弓矢〉，《精武本紀（1919）》，頁 59；《民國國術期刊文獻集成》卷 1，頁 83。

25　鳳賓：〈古代的運動術考〉，《中央》期 18（1923），頁 1-6；《民國國術期刊文獻集成》卷 2，頁 99-104。

26　薛肇初：〈孔子之武士道〉，《精武雜誌》期 38（1924），頁 37；《民國國術期刊文獻集成》卷 3，頁 115。

27　盧煒昌：〈徽章紀〉，《精武本紀（1919）》，頁 17；《民國國術期刊文獻集成》卷 1，頁 41。

28　陳鐵生：〈技擊之三級畢業記名〉，《精武本紀（1919）》，頁 35；《民國國術期刊文獻集成》卷 1，頁 59。

29　陳鐵生：〈運動會紀〉，《精武本紀（1919）》，頁 21；《民國國術期刊文獻集成》卷 1，頁 45。

30　同上。

31　陳鐵生：〈出版 略〉，《精武本紀（1919）》，頁 89；《民國國術期刊文獻集成》卷 1，頁 113。

32　金光曜：〈紀安步團〉，《精武本紀（1919）》，頁 46；《民國國術期刊文獻集成》卷 1，頁 70。

33　盧煒昌：〈健兒團記〉，《精武本紀（1919）》，頁 43；《民國國術期刊文獻集成》卷 1，頁 67。

34　鄭灼晨、馮蘭皋：〈勵志團緣起〉，《精武本紀（1919）》，頁 44；《民國國術期刊文獻集成》卷 1，頁 68。

35　陳士超：〈精武女子模範團紀略〉，《精武本紀（1919）》，頁 46；《民國國術期刊文獻集成》卷 1，頁 70。

36　浦闊亭：〈上海廣東小學記〉，《精武本紀（1919）》，頁 66；《民國國術期刊文獻集成》卷 1，頁 90。

37　散見《精武本紀（1919）》，頁 60-70；《民國國術期刊文獻集成》卷 1，頁 84-94。

38　陳炳黎：〈精武與人格〉，《佛山精武月刊》期 3（1925），頁 1；《民

國國術期刊文獻集成》卷 4，頁 303。

39　張文德：〈漢口精武體育會紀略〉，《精武本紀（1919）》，頁 201；《民
　　國國術期刊文獻集成》卷 1，頁 233。

40　盧煒昌、陳鐵生：〈開辦廣東精武體育會實紀〉，《精武本紀
　　（1919）》，頁 213；《民國國術期刊文獻集成》卷 1，頁 245。

41　〈廣東精武體育會敘言〉，《精武本紀（1919）》，頁 215；《民國國術
　　期刊文獻集成》卷 1，頁 247。

42　〈廣東精武體育會章程〉，《精武本紀（1919）》，頁 239；《民國國術
　　期刊文獻集成》卷 1，頁 271。

43　〈廣東精武體育會開會紀盛〉，《精武本紀（1919）》，頁 221；《民國
　　國術期刊文獻集成》卷 1，頁 253。

44　張雪蓮 高宇峰：〈佛山精武會的組織和發展〉，佛山市博物館，http://
　　www.foshanmuseum.com/search/detail.html?id=9283，2021 年 4
　　月 12 日查閱。

45　聲白：〈促進世界和平的兩大原動力〉《佛山精武月刊》期 1（1925），
　　頁 9；《民國國術期刊文獻集成》卷 4，頁 145。

46　陳此生：〈我為什麼要加入精武會〉，《佛山精武月刊》期 1（1925），
　　頁 13；《民國國術期刊文獻集成》卷 4，頁 149。

47　黃文華：〈精武會與青年會〉，《佛山精武月刊》期 2（1925），頁 1；
　　《民國國術期刊文獻集成》卷 4，頁 219。

48　平：〈精武會的功用〉，《佛山精武月刊》，期 5（1926），頁 82；《民
　　國國術期刊文獻集成》卷 5，頁 92。

49　簡玉鵬：〈論體育與人生之關係〉，《精武本紀（1919）》，頁 247；《民
　　國國術期刊文獻集成》卷 1，頁 279

50　樸生：〈我所見譚腿之效益〉，《精武雜誌》期 40(1924)，頁 39-
　　41；《民國國術期刊文獻集成》卷 3，頁 199-201。

51　王元輝等：〈對於國技之疑點〉，《精武本紀（1919）》，補編頁 11：
　　《民國國術期刊文獻集成》卷 1，頁 293。

52　聲白：〈醫國的教育〉，《佛山精武月刊》期 7(1926)，頁 8；《民國
　　國術期刊文獻集成》卷 5，頁 210。

53　平：〈體育與進德〉，《佛山精武月刊》期 8（1926），頁 71；《民國
　　國術期刊文獻集成》卷 5，頁 369。

54　黃亞玲：《論中國體育社團──國家與社會關係轉變下的體育社團改
　　革》（北京：北京體育大學出版社，2004），頁 58。

55　江平、梅杭強、彭嬋：〈天津中華武士會之研究〉，頁 33-35。

56　〈體育研究社提出全國教育會聯合會擬請提倡中國舊有武術列為學校
　　必修科案〉，《體育叢刊（1924）》，〈專件〉，頁 1；《民國國術期刊
　　文獻集成》卷 9，頁 359。

57　羅時銘：《奧運來到中國》（北京：清華大學出版社，2005），頁
　　175-176。

58　崔樂泉：《中國體育思想史：近代卷》（北京：首都師範大學出版社，
　　2008），頁 129。

59　徐烈、郭志禹、丁麗萍：〈近代文化保守與激進主義思潮下武術發展
　　之嬗變〉，《武漢體育學院學報》期 12（2008），頁 25。

60　劉殿琛：《形意拳抉微》（太原：山西科學技術出版社，2003），頁
　　13。

61　同上，頁 14。

62　李呈芬：〈射經〉，《體育叢刊（1924）》，〈名著〉，頁 5；《民國國
　　術期刊文獻集成》卷 9，頁 105。

63　拳菴：〈松溪墜緒〉，《體育叢刊（1924）》，〈名著〉，頁 1；《民國
　　國術期刊文獻集成》卷 9，頁 102-104。

64　袁良：〈弁言〉，《體育叢刊（1924）》，頁 1；《民國國術期刊文獻集
　　成》卷 9，頁 89。

65　許禹厚（禹生）：〈提倡拳術應保存其固有之真精神說〉，《體育叢刊
　　（1924）》，〈論說〉，頁 1；《民國國術期刊文獻集成》卷 9，頁 95。

66　有馬純臣著，許禹生輯譯：〈柔道大義〉，《體育叢刊（1924）》，〈譯
　　述〉，頁 33-59；《民國國術期刊文獻集成》卷 9，頁 151-177。

67　許禹厚（禹生）：〈拳術教練法〉，《體育叢刊（1924）》，〈研究〉，
　　頁 1-19；《民國國術期刊文獻集成》卷 9，頁 179-197。

68　同上，頁 182-183。

69　張維：〈改良拳術之我見〉，《體育叢刊（1924）》，〈論說〉，頁 6；《民
　　國國術期刊文獻集成》卷 9，頁 98。

70　〈本刊啟事〉，《武術》卷 1 期 1（1921），頁缺；《民國國術期刊文
　　獻集成》卷 1，頁 324。

71　同上。

72　作者缺：〈說衛生〉，《武術》，卷 1 期 2（1921），〈衛生〉，頁 1-8；
　　《民國國術期刊文獻集成》卷 2，頁 49-58。

73　吳志青編撰，謝強公潤辭：〈應用科學之武術〉，《武術》卷 1 期 1
　　（1921），頁 10；《民國國術期刊文獻集成》卷 1，頁 344。

第六章

◆

國術運動
及其成效

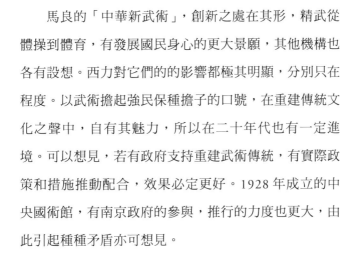

　　馬良的「中華新武術」，創新之處在其形，精武從體操到體育，有發展國民身心的更大景願，其他機構也各有設想。西力對它們的的影響都極其明顯，分別只在程度。以武術擔起強民保種擔子的口號，在重建傳統文化之聲中，自有其魅力，所以在二十年代也有一定進境。可以想見，若有政府支持重建武術傳統，有實際政策和措施推動配合，效果必定更好。1928年成立的中央國術館，有南京政府的參與，推行的力度也更大，由此引起種種矛盾亦可想見。

第一節
中央國術館的成立和要旨

　　談到中央國術館，自然會想起其旗手—熱心發展國術的張之江（1882-1966）。張之江從 1903 年參軍，到 1926 轉往南京國民政府，前後過了二十多年的戎馬生涯，武昌起義以後，他長時期跟隨馮玉祥，曾參加護國戰爭、二次直奉戰爭等，在廊坊之戰、南口大戰中頗有戰功。1924 年 9 月，馮玉祥的西北軍改編為國民軍，張之江官至陸軍上將。隨著馮玉祥下野，張之江在 1925 年底出任察哈爾都統、西北邊防督辦，代理國民軍總司令。[1] 但之後戰事和人事紛擾不斷，張之江意興闌珊，[2] 1926 年 4 月求去。

　　張之江早年與武術的關係記載極少。有說他自幼學武，但無詳細記錄。辛亥革命前他加入的武學研究會，更似是個武裝起義的組織。[3]1924 年他的部隊入京，練兵的內容包括「刺槍、劈刀、器械體操、應用體操」，[4] 但還都是當時軍隊的常有訓練。有載 1926 年 8 月張之江中風後，因學習太極拳而病癒。勤練武術令身體恢復，可能是他大力發展武術的一大原因。[5] 我們也得留

意，張之江加入南京政府後，很快就專注民政工作，其中禁煙委員會主席的工作讓他觸及公共衛生和國民健康的問題。但從個人的事業發展來看，這些「閒職」[6] 未必能滿足還在盛年的張之江。他大概也明白，若能建立起貫徹新政府方向，時代風尚和個人見識的新項目，可能有機會另開天地。將武術建立成新政府教育，文化以至軍事的一部分，成為他的重大企圖。

重建國民體質是時代話語，也是政治工作，孫中山多次宣示武術的時代價值，民國政要也一再和應。傳統的鍛煉方式有不善之處，武術和舊社會的一些不良元素有密切關係，同時體操和體育等概念成為了「先進」、「摩登」的代名詞，將武術說成是體操和體育就是民國初年的頗一部分武術家的常態。[7] 張之江構想的武術項目似乎要在名稱和內涵上都統一解決晚清到民國，改造中國武術的好幾個問題。首先，他需要使用一個名詞，既能包含傳統武術的內涵，也能展示「國」的高度。國術、國技等詞在民初流行，[8] 精武常用國技一詞。張之江重新展示的武術，必須有個「國」字，否則沒有重量和代表性。就如 1929 年，何炳松（1890-1946）在〈論所謂國學〉說：

我國近來「國」字的風靡一時，幾乎無論何物「只要加上一個國字，就立刻一登龍門，聲價十倍

的樣子。[9]

　　他最終選擇了國術這名詞。名詞重要，但體制和內涵更為吃重。之前推廣武術，要求學校增加武術為體育課，效果卻一時未能評估。精武等組織付出不少，二十年代後期，推展亦有困難，反映出沒有一個更完善的組織很難成事。張之江爭取國民政府支持，由上而下推動武術發展。第三，武術和體育，傳統和新知識之間，還得找到新的平衡點。軍旅武術在新時代已失大部分的應用價值；民間的武術，內容和訓練方法，未必適合革新武術；科學化和體育化已是大勢所趨，但傳統又該如何承傳？馬良的失敗，正是未能做到面面俱到。張之江構想中的武術，要海納百川，接受新知識又不排除舊武術生態。

　　1926 年，張之江與李景林（1885-1931）、鈕永建（1870-1965）共同創建了武術研究所，後改名為國術研究所。張之江四方奔走，又得到李烈鈞（1882-1946）、蔡元培、何應欽（1890-1987）等人支持。蔣介石（1887-1975）當時忙於北伐，無暇理會。至南京政府成立，轉而支持。南京中央國術研究館經 1928 年 3 月 15 日《國民政府公報》第 41 期刊載第 174 號公文批准備案，3 月 24 日舉行成立大會，館址在南京韓家巷；1928 年 6 月 15 日張之江向國民政府再提案，申請

將國術研究館更名為國術館,很快獲得批准。1928 年
7 月 5 日,中央國術館組織和學制資料送達,張之江任
館長、李景林任副館長,[10] 申請檔經修正後於 7 月 18
日備案,[11] 之後直屬國民政府管理。[12] 中央國術館館址
初選在新街口市中心糖坊橋後的宗老爺府,但經過與何
應欽和賀耀祖(1889-1961)等人協商,最後選定南京
西華門頭條巷 6 號,一座古雅闊倘的宅院為址,並且很
快獲得批准。

張之江有一定政治能量,但他論說的「中央國術
館」宗旨並未有太大創新。在〈中央國術館緣起〉,
他就闡明國術對國民、社會和國家都有重大作用,論
個人:

> 吾人深知欲求強國,當先富民,欲富民,當
> 努力增加生產,欲增加生產,當從強健身體入
> 手。研究國術,即為強健身體之捷徑,舊法具
> 存,師資不遠,急起直追,事半功倍,此發起國
> 術館之理由。[13]

論社會:

> 民氣消磨,日甚一日,而東亞病夫之根,即釀
> 成於此。因循苟安,談虎色變,處此強鄰恫嚇之

秋，其將何以圖存，近雖革命軍興，頗洗昔日懦怯舊習，然以吾人體質與他種民族相較，終不免稍有遜色。儻人人研究國術，發憤為雄，雖有健者，寧惺多讓。[14]

論國家：

　　現在民眾，為爭求自由平等，處帝國主義鐵蹄之下，戰爭斷難倖免。雖火器精利，槍林彈雨中，掣空搗虛，似不需要，然遇夜戰，霧戰，肉搏，刃接，最後之勝負，必視此為分判，故衝鋒格鬥，殺敵致果，國術尤能操勝算……[15]

　　之前中國武術失傳，很大程度上是因為學無所用。他引戚繼光的成功例子，強調必須學用一致，「他主張學一件便要用一件，平日練的如此，臨陣用的也是如此，並且他主張要注重實地演習，我們相信這個主張是對的。他的話雖然是三百年前所說，但是絲毫不失去其現代性」。[16] 要應用在軍事，也應用在教育，而且是要以傳統為基礎，建立適合中國人的國術。

　　張之江感歎，國人只因傳承方法欠佳，便低估國術的價值，棄之如敝屣。他提出的對策，看似還是消除門戶的老調，但建議的做法卻比精武更為進取。張之

江一早認為，首務是「更要把從前宗派門戶之見，一概掃去，決定一至中至大的良好教材，來造成強固不拔的民族；其次便用全副精神，培植多數的師範人才，以應各省各市面的需要」。[17] 他希望建設的是一個屬於中國人，兼備身心修養的國術，取各家之長，「不論『少林』，『武當』，及『南』，『北』，『長』，『短』，皆為我國國粹。擇其適當者，循序教之；俾生徒容納各家之所長，他日學成，則可融通化合，從此門戶之見，可以消弭於無形」。[18] 國術傳承了國家的使命，也是全民的共同財富，不應以門派將之割裂。就如同浙江國術遊藝大會的一個總結所言：

> 如果存了少林、太極、形意⋯⋯這一類的派別觀念；或是南派和北派，那是大大的錯誤，那是自殺！你們只要以世界眼光來存著派別觀念，那是大和民族，那是斯拉夫民族⋯⋯而我們是中華民族；在中華民族以內，全是自己人，再沒有派別，其餘民族，都是敵人；再用我們的工夫、本領，打倒他們對於中華民族的壓迫，解除他們對於中華民族的束縛；這纔算是國術家的派別觀念；如果存著一門二派二師的派別，那就根本不配談國術，祇多只能有門術派術師罷了。[19]

要存的，是一個屬於中華民族的國術宗派，有異於其他民族武術的中國宗派。以統一教程去教育新一代，也是同路人所講的科學化、系統化，執行時還會碰到一些利益問題。科學化的初步工作，如其後的作者顯出，有去蕪存菁，去繆正俗的工作，普查並去除荒誕不經的門派和套路，選有根據和合用的作為教程，上海國術館的劉福民後來和應說：「假若要澈底調查，各門拳術的真正根源，也要考證出來，北派的各種拳，都稱作少林派，甚至潭腿也稱作少林，究竟是否少林，便有待於考證，若以這調查考證太為困難，也可不必十分澈底暫時祇就各國術家的報告做個總計，也可應用。總記起來，於是五花八門九流三教，綜錯紛紜，陸離光怪呈於眼下，雖是洋洋大觀，究竟複雜太過，於是便須就其中兩兩相同或相似的拳術，歸併為一套，其中過於怪僻或有流弊的，廢棄不採；這麼一來，可將好幾千百種的國術，刪繁就簡提精拔粹，保留二三十個系統，於是科學化的科字成功，這個第一步的工作，最是困難的。」[20] 之後唐豪（1887-1959）相關的工作做得特別仔細，影響也極大，引起極大波瀾也是意料之中。

現代體育也用上了不少新的科學，用作解釋人體、心理、精神各方面，所以張之江一眾希望見到的武術家，不但要精於技擊，思想人格端正，更要有科學的眼光和素養。「要有豐富的科學智識，無論研究什麼專門

學問，一定要有豐富的科學智識，這是任何人不能否認的！譬如研究國術，解剖學，生理學，衛生學，物理學的智識，是必須要有的；否則決不能進一步來利用科學的發展。現在練拳的，大都數只知道某種拳是這樣練法，倘若問到這種拳與生理衛生有何關係，便不懂的很多了；這就是不研究科學知識的緣故！但也難怪，因為他們平素根本就沒有受過相當教育的機會，欲求其知而又知其所以然，更是我們國術家應該注意到的。」[21]

中央國術館成立未幾，為貫徹學用一致，他支持比賽，並定好規則，讓各派英雄參與較量。1929 年的浙江國術遊藝大會可算是開先河，是次大會冠蓋雲集，國民黨領導如張靜江（1877-1950）、朱家驊（1893-1963）、沈士遠（1881-1955）均置身其中。各人的致辭無不強調武術救國之調，如沈士遠題詞有云：「攬東西之民族，胥體魄之剛強」，「壯中外之觀覽，揚祖國之耿光。」[22] 朱家驊極希望武術能扭轉乾坤，「環顧我國民眾身體不良之現象，難免東亞病夫之譏；茲就青年方面考察，本年自治學校招生，報名者八百餘人，身體及格者，祇二百餘人；而此二百餘人中，尚有百餘人，帶有微疾；青年如此，其壯老者可想。建設事業，經緯萬端，應先建設民眾之心身，主席已言之甚詳；當代賢達，鑑於民眾之日漸衰弱，僉謂離開提倡國術，不足以挽頹風……」[23]

關於中央國術館的體制與宗旨，1929 年的《國術館組織大綱》具有重要的意義。體制方面，公佈了「一會三處」的編制，一會即理事會，三處包括：教務處、編審處、總務處。宗旨方面，公佈四項事務：（一）研究中國武術與體育；（二）教授中國武術與體育；（三）編著關於國術及其他相關武術的著作；（四）管理全國國術事宜。[24] 教育方面，中央國術館開設師範班、練習班、青年班、少年班，1933 年創辦中央國術館國術體育傳習所，後來改名為國立國術體育專科學校。「全國國術考試」，簡稱「國術國考」，考試的形式分為國考、省 / 市考、縣考。按照規定，本應每年舉行一次各級的國術考試；然而，由於種種原因，從中央國術館的建立直到解散，只是舉行國兩次國術國考。研究方面，編審處發揮重要的角色，出版不同種類的武術著作，傳遞各種理論和中央國術館及國際要聞。《中央國術旬刊》於1929 年刊行，是中央國術館的第一系列重要刊物。後繼的是於 1930 年在南京創刊的《國術週刊》，甚有代表性，重要成員如張之江、唐豪、陳敦正等長時期在刊物上發表的作品，都發揚上述觀點。中央國術館還成立教材編審委員會，處理教育部的要求，編寫武術教材；遺憾的是，因為抗日戰爭的緣故，未能出版。

中央國術館成立之後，民國政府下令各省市縣設立地方國術館。據不完全的統計，截至 1933 年，全國共

有二十四個省、市，建立了國術館，縣級國術館達三百多所，還有其他地區、村成立了國術支館。[25] 關於中央國術館的組織結構詳見下圖：[26]

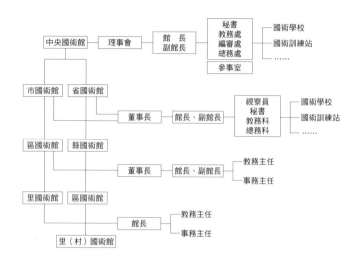

中央國術館的組織，是梯級形式，從中央國術館、省／市國術館、縣／區國術館、區／里國術館，形成省、市、縣、區不同的級別，各級的國術館都受到上一級的國術館及同級的政府所領導，構成一個從上而下的系統。

眾多國術館突然湧現，尤其在南京附近，江蘇、浙江、上海諸館聲勢浩大，之前名為體育社或研究社的武術館，不少隨之易名。如許禹生建立已久的北京體育研究社，也於 1929 年 12 月，仿照中央國術館宗旨建立北平市國術館。[27] 1928 年 5 月 21 日開辦於上海的

滬北國術研究總社，也於同年八月，「按中央國術館的要求改名為上海市國術館」。[28] 另有國技研究會，也於1930年易名鄞縣縣國術館。[29] 從人物的活動和流轉，也看到張之江的中央國術館影響力不斷外延。就如孫祿堂（1860-1933）最初受聘中央國術館，但因人事複雜求去，李烈鈞和鈕永健等議定另設江蘇省國術館，由孫祿堂任教務長，後升任副館長，主理館務。蘇景由曾習楊式太極，1928年參與建設中央國術館，1929年初以中央國術館體制為本，建立浙江國術館，張靜江出任館長，自任副館長。褚民誼（1884-1946）師承太極吳鑑泉，自同盟會時代開始活躍政壇，亦支持精武早年的活動，後任中央國術館理事會理事，亦為天津武學道德社所刊《國術週刊》的總經理。[30] 著名武術史家唐豪最初任中央國術館編審處處長，後來出任上海國術館常務董事，兼且編輯《國術聲》刊物。1928年10月，廣東省政府主席李濟深（1885-1959）在南京觀看到中央國術館的第一屆武術考試，大感興趣，有意將中央國術館的模式移植南方，於是聘請該次考試得獎的萬籟聲（1903-1992）、王少周（1892-1984）、顧汝章（1894-1952）、耿德海（1892-1970）、傅振嵩（1881-1953）等五人南下，[31] 籌建兩廣國術館，史稱「五虎下江南」。[32] 兩廣國術館1929年3月成立，但兩個月後就因財源不繼倒閉，萬籟聲其後在1931年出任湖南國術訓練所所長。

好一段日子，張之江的隊伍持續壯大，加上在文宣方面佔有關鍵位置，張之江的思想核心得以散佈。

名為國術館的，無論政治取向，基本理念和課程內容都和中央國術館頗為一致。政治上緊隨路線，有載中央國術館成立未久，張之江即奔走為廣州樹立總理紀念碑徵集題詞，以「垂久遠而申景仰」。[33]「總理遺囑」和「三民主義」幾乎成了各館刊物彰顯的主要內容。如浙江國術館月刊創刊號，卷首即引「總理遺訓」：「奮鬥這一件事，自有人類以來，天天不息的，政治修明，武力強盛，才可和別人競爭。」[34] 1929 年 7 月編印的《江蘇省國術館年刊》，有〈三民主義立場上的國術觀及今後的希望〉，特別強調民族主義在三民主義中的重要性，而武術對民族的貢獻，「若一論其固有的價值，則實有驚人之處」。[35] 和該館宗旨相對應，「要在黜武崇文著名的江蘇省中，使人民認識國術便是中國固有的『力的藝術』」，「要把這『力的藝術』輸送到全民的生活裏去⋯⋯我們要用『力的藝術』來守護我們的三民主義的聖宮」[36] 孫中山的遺照和遺訓不斷地佔據著《國術週刊》的卷首，「發揚固有的國粹」，「提起尚武的精神」在各大刊物中來回激盪。

「東亞病夫」一詞在二十世紀初，霍元甲威懾俄國大力士的故事，也成為中國武術揚威的典範論述，之後兩者都成為 1920 年代後期出現的國術刊物的重要元

素。張之江的中央國術館成立大會宣言即云：「強國必先強種，強種必先強身，我國在國際地位的低降，『東亞病夫』是其一大原因。其實我們四萬萬同胞，無論體力智慧，都不遜於歐美，衰弱的唯一原因，便是忽略了講求自衛的國術。」[37] 中央國術館成立三週年，張之江仍稱：「外人以東方病夫目我，是我們自己甘於墮落不長進，才被外人輕視。」[38] 也因此武藝高強，能顯示中國男兒的氣概，降服辱我中華民族的人物，真真假假的在記載中被傳述，如天津道德武學社的《國術週刊》有載，北平有俄國大力士麥加羅夫在平表演，能「折鐵條、斷鐵鏈、箍鐵枝」，但其實其人不過「技巧勝人而稍有力量身體健壯之士而矣，」更嘲諷之為「失勢白俄，其不見納於國家，又為生活所迫，堪稱可憐蟲」。[39] 平津武林中人紛紛欲與之較量，大力士聞言，「即於次日帶同一般隨從人員搭車他往。」[40] 整個論述，和霍元甲震懾西洋大力士極為相似，上海揚威國術會的雜誌《國術》亦有記北平國術大家馬潤芝（生卒不詳）於曹汝霖筵席期間，輕易打敗三名日軍中的柔道好手。日軍乃請教官與馬潤芝戰，未幾，「教官如飛隼瞥空，立被拋出二丈之遠，鑑然觸牆上，牆立圮，磚傷其額，墮地不能動⋯⋯」。[41] 作者視此事為武術家之壯舉，以〈國術家之抗日者〉為題。

　　要真正地將武術建立成國術，完全屬於國人的武

術，傳統武術要求統一，也得求進步，所謂統一，當時馬良的做法不被認可，精武那種不分門派，將各門武術置於統一體制，理論上可促進師生之間的交流互動，各門派取長補短，似乎是較少人反對的做法。所以，張之江建立中央國術館之初，便以此為宗旨，其次，從清末開始強調的武術「科學化」，經歷了長年西方體操和體育理論和實踐的影響，也需要在這新的國術世界中具體進行，當中引起的兩個問題尤為難於處理。其一為傳統武術的去神秘化，之前迷信仙道、武俠小說的元素，給予武術負面的影響，將之從新的國術中除去，似乎是一眾武術改革者的共識。但自清代開始，武術研究者從武入道的探索，有匯通儒、道、釋於武術的勢頭，而且似能在武術中開墾的精神世界。如何去神秘化，去奇幻化，同時為國術保存中國精神元素似是一個極大的挑戰。種種因素，促成以下的幾種較勁。

第二節
門派問題

有說中國門派眾多，淵源流長，有說不下兩百零七種，可分成七大拳系，[42] 但相關資料少得不成比例。究其原因，如李影塵在《國術史》中說：

> 我國拳技之起源，或謂始於周秦，然按諸正史，鮮見著錄。莫可考證！大抵人生於世，不能無所爭。…初藉肉搏而定勝負，繼以器械而決生死，拳技之術，因是起焉。[43]

事實上，即使是武學鼎盛的明代，重要著作如戚繼光的《紀效新書》、唐順之《武編》，都只反覆討論幾個名師，其他習武者，僅稍述其師承。俞大猷的《劍經》謂：「猷學荊楚長劍，頗得其要法。吾師虛舟趙先生」，[44] 但其師生平則少有記載。程宗猷的《單刀法選》受到後人高度關注，因其稍有提到他為求中日刀術匯流：「余故訪求其法，有浙師劉雲峰者，得倭之真傳，不吝授餘，頗盡壺奧。時南北皆聞亳州郭五刀名，

後親訪之。」[45]清初至清中葉的情況也一樣，例如李塨（1659-1733）在《學射錄》談其師承，甚為奇幻：「予自幼習射，……不克有成。……一日，忽有叟而杖見過，……夜半，為我解衣擊劍，因傳射法。……無何黎明，飄然而去，不知所知」。[46]吳殳《手臂錄》欲追溯槍術源流，卻無奈是「名存而無徒，書又不傳，無可考據」。[47]

有趣的是，資料鮮有，但上文提到門派卻在晚清民國期間湧現，而且各自表述師承世系，源流和歷史價值。精武和中央國術館，要求別執著門派，並不容易。近代門派的記述，其中一個重要起點，是黃宗羲的一篇只一千四百多字的〈王征南墓誌銘〉，影響遠遠超越其原意。王來咸，字征南，為黃宗羲之子黃百家（1643-1709）之師。王來咸去世後，黃宗羲撰〈王征南墓誌銘〉，內容大要約如下：

　　少林以拳勇名天下，然主於搏人，人亦得以乘之。有所謂內家者，以靜制動，犯者應手即僕，故別少林為外家。蓋起於宋之張三峯。三峯為武當丹士，徽宗召之，道梗不得進，夜夢玄帝授之拳法，厥明以單丁殺賊百餘。三峯之術，百年以後，流傳於陝西，而王宗為最著。溫州陳州同從王宗受之，以此教其鄉人，由是流傳於溫州。嘉靖間，張松溪

為最著。松溪之徒三四人，而四明葉繼美近泉為之魁。由是流傳於四明。四明得近泉之傳者，為吳崑山、周雲泉、單思南、陳貞石、孫繼槎，皆各有授受。崑山傳李天目，徐岱嶽，天目傳餘波仲，吳七郎，陳茂弘。雲泉傳盧紹岐。貞石傳董扶輿，夏枝溪。繼槎傳柴元明，姚石門，僧耳，僧尾，而思南之傳，則為王征南。[48]

當中最為熟悉的概念，莫過於少林 - 武當、外家 - 內家這兩對概念。黃宗羲這篇墓誌銘，呈現一條線性的譜系，而譜系中部分人物，成為日後門派的重要成員——譜系之後被不斷潤色，發展成了門派。

黃宗羲的墓誌銘出現後，被不同人士所轉載、隨不同的文本而流動。例如清初的王士禎（1634-1711），曾點評《聊齋誌異》，當中〈武技篇〉承接此說。[49] 稍後，1731 年，《寧波府志》由知府曹秉仁修，萬經（1659-1741）等纂。萬經與父親、叔叔等，皆授業於黃宗羲。《寧波府志》擴大討論了「張松溪」的事蹟，謂：「張松溪，鄞人，善搏，師孫十三老。其法自言起於宋之張三峯。三峯為武當丹士。」[50] 清末以後，趙爾巽（1844-1927）主持修編《清史稿》，自 1914 年設館修史至 1927 年完成，編寫的人數達一百多人，藝術部分記載了王來咸，而且內容更為豐富。[51]

清末以後，黃宗羲這篇墓志銘的部分內容，受到極大的關注。個中原因之一，在於涉及到不同的譜系。尤其與太極拳有關——張三峯、[52] 內家拳、太極拳，被構成一體的印象。[53] 1925 年，楊澄甫（1883-1936）《太極拳要義》出版。書中的序言由蔣饌書寫：

夫拳術種類極繁夥，……強列之為二：一曰外家即少林派，……一曰內家即武當，……太極拳係柔功，創自唐之許宣平有三十七式，至俞清慧名先天拳。程靈洗又改十四式，名小九天。殷利亭又成十七招名後天法。三丰師起集其大成，法五行八卦演成十三式，名太極十三勢。……張仙師雲遊八方東渡錢塘，數傳至甬人張松溪、張翠山等私淑有得，此道益昌，由松溪傳之葉繼美、葉近泉、王征南，吳人甘鳳池等。……西入函穀關登泰岱展轉流傳至陝人王宗暨魯人王宗岳，……由宗岳傳之蔣發及豫人陳長興等。……楊祿全實陳長興及門高弟。[54]

內家拳的起源被推到唐代，宋代的張三峯變成了融會貫通，發明太極拳的祖師。稍後，吳圖南的《國術太極拳》出版，書中有太極拳史略傳。關於太極拳的歷史，再有多元的呈現：

第一節許宣平……宋遠橋受業焉。第二節李道子……俞清慧、俞一誠、俞蓮舟，……等受業焉。第三節程靈洗……，其太極拳受業於韓拱月先生。……第四節胡鏡子。……宋仲殊受業焉。……傳殷利亨。第五節…張三丰……延祐元年，年十六七，始入終南，得遇火龍，傳已大道。……第六節王宗岳傳……第七節南派名家略傳……太極拳自山陝傳入溫州，則浙東之地能，能者日眾。後有海鹽張松溪者，……傳寧波葉繼美近泉。近泉傳單思南，思南又傳王征南。……第八節北派名家略傳……王宗岳既傳太極拳於河南蔣發，發又傳陳長興……有楊福魁露禪者。……[55]

關於太極拳的多元敘述，吳圖南並非特例。許禹生先在《體育集刊》發表有關太極拳的文章，然後再集結成書出版。在太極拳之流派，同樣出現多元的敘述：

唐許宣平所傳太極拳術名三世七……傳宋遠橋。……俞氏所傳之太極拳，名先天拳。……得唐李道子之傳。……俞氏所傳之人，可知者，有俞清慧、俞一誠、俞蓮舟、俞岱岩等。……程氏太極拳術，始自程靈洗。……其拳術得之於韓拱月，傳至程珌。……殷利亨所傳之太極拳，

名後天法。傳胡鏡子。胡鏡子傳宋仲殊。……
張三丰，……元季儒者……。先是宋遠橋、俞
蓮舟、俞岱巖、張翠山、殷利亨、莫谷聲七人為
友，……七人均曾師事三丰。……或曰三丰係宋
徽宗時人，……因傳其技於陝西。元世祖時，有
西安人王宗嶽者，得其傳。……溫州陳同曾多從
之學，由是由山陝而流傳於浙東。又百餘年，有
海鹽張松溪者，……後傳其記於寧波葉繼美（近
泉）。近泉傳王征南。……其北派所傳者，有王
宗岳傳河南蔣發，蔣發傳河南懷慶府陳家溝陳長
興。……時有楊露禪先生福魁者…… [56]

　　如果將以上三種記述——蔣儓撰寫的序言、吳圖
南的「太極拳史略傳」、許禹生的「太極拳之流派」，
與黃宗羲的〈王征南墓誌銘〉稍作對比。不難發現，黃
宗羲的記述，可謂相當重要的基礎，構成門派傳承脈絡
的底蘊：第一，在〈王征南墓誌銘〉作為譜系起點的張
三峯，其武藝稱為「內家」；在蔣儓撰寫的序言，變為
擁有更遙遠的武藝脈絡，使武藝的起點從宋徽宗而遠起
於唐代，這種武藝稱為「太極拳」，而「太極拳」成為
「內家」一大代表。第二，〈王征南墓誌銘〉與蔣儓撰
寫的序言，其提供的脈絡，都是單線的譜系；然而，吳
圖南與許禹生敍述的脈絡，是多線並行。第三，年代越

後，被敘述的人物越多、傳承譜系越見清晰；然而人物越多、譜系越清晰的同時，難以考證的人物亦越多，例如蔣僎撰寫的序言出現了「張翠山」，作為張三峯的傳人之一。吳圖南的「太極拳史略傳」出現了「火龍」，作為張三峯的淵源。許禹生的「太極拳之流派」出現了俞蓮舟、莫谷聲、俞岱岩等。

〈王征南墓誌銘〉記述的少林與外家，至清末以後，同樣大放異彩，出現一條悠久的傳承譜系。事實上，少林護教防衛、參與戰事的事跡，以及人物，都偶有文獻記載。例如上文談及的程宗猷《少林棍法圖說》。清中葉以來，少林故事主要見於小說；這些故事的內容包括了少林練武的情況、向僧人學藝、行走江湖、比武較技、比武招親、少林武術的境界、復仇故事等等。當中不少情節是虛構的，但折射了少林的武藝、流傳情況及社會評價。[57] 晚清之後，清末民初的筆記小說，有關少林的敘述，地域上來說，頗聚焦於閩粵。林紓（1852-1924）的《技擊餘聞》和徐珂（1869-1928）的《清稗類鈔》都有相關故事。這些故事和天地會的活動、西魯傳說的流播交織。到清末，上文提到的《聖朝鼎盛萬年青》以俠義技擊的格局開出了武當和少林的恩怨，逆賊少林和效力官府的武當血戰連場，之後傳世的南派武術人物一一出現。

敘述少林創承譜系，又具有影響力的著作，首推

《少林拳術秘訣》。《少林拳術秘訣》是民國初年出現的《少林宗法》的擴充版，作者為尊我齋主人（生卒不詳），1915 年由中華書局發行，1932 年發行第 21 版，可見有相當的銷量。[58]《少林拳術秘訣》內容蕪雜，部分出現跳躍的情況。當中所談少林傳承譜系，尊達摩為少林技擊祖師，之後內容可算新舊夾雜，但影響卻不少。首先，它重新解釋內外家拳的內涵，從而重構張三峯和少林的關係。尊我齋主人強調：「何以謂之內家，即塵世間普通之稱，如佛門之所謂在家出家是也。外家者，即沙門方外之謂，以示與內家有區別也。」[59]張三峯以俗家身分學習少林拳，所以算是內家。不過他能融會貫通，「而又創明點穴之法」，[60]乃卓然成家。後來個別武當後人與少林不和，「……松溪少年時，曾為某僧所困辱，……故松溪終生不譚少林術。……」[61]，這可能也是後人所講的兩派恩怨。其次，書中明言南北少林之說：「斯時國內有兩少林（一在中州一在閩中）」，[62]「火燒少林」之後，徒眾南走，但《少林拳術秘訣》和《聖朝鼎盛萬年青》的講法不一樣，南少林武術的傳播者另有其人：「其在大江南北者，以皖浙為盛，技擊之法，多宗張全一，專致力於神功呼吸之學。……此少林之上乘法門也。其在嶺南一派者，則以一貫禪師為宗，而崇尚腿擊與超舉之法。……少林技擊術一至粵中，已如江至潯陽，九派斯分。此由於風土俗尚不同，

所傳亦因而互異也。然以皖浙與百粵試為比較，雖同出一宗。……皖浙派得其柔，粵中得其剛。」[63] 當中「……粵中之少林傳之於蔡九儀，蔡為一貫高足」。[64] 少林經其一分為南北兩宗之後，南拳諸派，從流行珠江流域的洪、劉、蔡、李、莫五派，到福建的永春白鶴，以至後來的客家拳派，多奉南少林為遠祖，並且和上述傳說和小說內容有不同的牽連。

可以說，清末以後，門派創建如火如荼，這剛剛和精武一直到中央國術館的破除門戶之見有出入。不過張之江對少林、武當等大派還是比較尊重和認同。今天，大家可以放膽批評各種門派流傳的不可信之說。龔鵬程在《武藝叢談》中討論達摩、張三峯、青城、崆峒等人物與門派云：「峨眉武術起於彭祖及武王伐紂之巴渝舞，自然是不可信的。正如崆峒派上推於黃帝問道於崆峒、武當派上推於張三峰、少林派上推於達摩那樣。人類自古以來就有武打搏擊活動，這是無疑的，但一個門派可以不可以溯源到北京人山頂洞人呢？這樣溯源，雖能滿足一個門派的心理需求，實際意義其實不大。」[65] 程大力、王小兵與程馨在一篇文章討論峨眉山的武術，指出峨眉武術起源的傳說，屬於偽託。當代所謂的「峨眉派」始於清末民初的小說，後經金庸武俠小說的影響而成為一個流行門派。[66] 但那時候，身為中央國術館要員的唐豪，膽敢挑戰少林和武當的真實性，卻是非同小

可，一鳴驚人。

　　唐豪，字範生，號棣華，江蘇吳縣人。年幼因家境困難，到上海謀生，從劉震南（生卒不詳）學習六合拳。唐豪任上海尚公小學校長時，將武術列為教學內容。後來，應中央國術館館長張之江的邀請，出任編審處處長。這段時間，唐豪多次赴湖北武當山、河南少林寺、溫縣陳家溝等地考察。[67] 當時，有關武術源流的考證，除了唐豪，還有徐震（1898-1967）。徐震，字哲東，江蘇常州人，章太炎之弟子。曾在中央大學、國學專修館、武漢大學、濟南大學等，任職中文系教授。除了研究文史，徐震還學習不同武術，諸如太極拳、形意拳、通臂拳等。[68] 關於近代的門派譜系，尤其以達摩、張三峯為源頭人物，唐豪、徐震二人，均提出他們的看法。

　　對於達摩，唐豪認為是附會之說，其主要觀點包括：（一）文獻記錄方面：關鍵資料——宋代的《景德傳燈錄》所載有關達摩的資料，唐豪認為時序上有錯誤。例如《景德傳燈錄》說達摩在北魏孝文帝太和十年（486）寓止於嵩山少林，然而北魏太和十年，尚沒有少林寺，而「太和」是北魏孝文帝的年號，非北魏孝明帝之年號。（二）少林寺主持之宗派：唐豪根據少林寺的碑文，說明少林寺開基屬於跋陀一系，非達摩一系。至元代，始由達摩一系的後人主持。（三）達摩相傳之

武藝：唐豪指出達摩相傳的武術名為「十八羅漢手」，始見於十九世紀末的《少林宗法》，而該書涉及晚清革命的活動。這種將「十八羅漢手」偽託於達摩的講法，為 1915 年出版的《少林拳術秘訣》所延續，更被 1919 年出版，由郭希汾撰寫的《中國體育史》所採用。[69] 徐震同樣認為達摩是被胡亂比附到少林武術，其主要觀點如下：（一）考證起點：徐震認為，少林拳術能考證的起點，從明代開始；（二）達摩與《易筋經》、《洗髓經》之說：兩經出現當在明清時期，後人為了建立達摩作為少林拳術始祖而強行牽扯；（三）《少林拳術秘訣》之錯誤：徐震認為《少林拳術秘訣》記載的傳承譜系，提及的人物出現自相矛盾之處，甚至難以考證。[70]

對於張三峯與內家拳的關係，唐豪有以下判斷：（一）文獻記錄：最早呈現張三峯與武術關係的文獻是黃宗羲的〈王征南墓誌銘〉，但這文獻存在太多疑問，很多地方未能令人入信；[71]（二）墓誌銘之原意：黃宗羲撰寫墓誌銘，非為張三峯張目，而是借王征南之事蹟，抒發亡國之恨。[72] 徐震的觀點與唐豪接近，從以下角度對張三峯與拳術的關係提出疑問：[73]（一）文獻紀錄：對於黃宗羲的〈王征南墓誌銘〉，徐震同樣認為值得商榷，尤其墓誌銘的「張三峯」為北宋人，《明史·方伎傳》另有一個活動於元末明初的「張三峯」。就這兩種說法，徐震認為如張三峯為北宋人，何以南宋、元

代史籍均無記載?反而,明代開始盛傳張三峯的事蹟。由此說明《明史》的記載比墓誌銘更可信,[74] 但就是明史記載的張三峯也和武術無關;(二)楊氏拳譜:徐震比較陳、楊、武三家之拳譜,發現陳氏與武氏的拳譜,均無提及張三峯,惟楊氏拳譜有之,說明是楊氏門人加入張三峯與太極拳的關聯。[75]

唐豪的說法頗受傳統人士批評,更有說他曾經被人埋伏襲擊。為此他轉到上海繼續他的學術工作,卻沒有放棄繼續「清算」門派。雖然不乏人接受他的說法,門派卻沒有因為他的清算而消失。1980 年代開始,在國內重新發掘和整理武術文獻和故事,引起了對上述問題的討論和反思。1987 年首屆全國武術學術研討會中,一錘定音,將民國以來以唐豪為首的武術史家對張三峯和武當派的質疑悉數否定,指明「張三豐確有其人」,「張三豐創新之說有其可靠的依據」,「武當武術客觀存在,並有其獨特的理論和技術體系」,「武當武術的存在和發展,是歷史上多渠道,多層次,多人物不斷完善的結果」和「所謂『張三豐無其人』,『武當無拳』等論點,可以否定」。[76] 三十多年過後,文化氣候漸開,較多元化的討論又再出現。需要說明的是,這裡並非討論真偽問題,而是點出門派與譜系的印象,隨著被書寫與被討論而不斷加固,逐漸形成一種具有普遍意義的「知識」。

第三節
科學化和土洋體育之爭的延續

　　科學在新文化運動中被高舉，影響達至社會各處。近代科學的其中一大特徵是所謂「去魅」或者「去神秘化」（disenchantment），就是把神秘，魔幻的元素從我們的知識體系和日常生活去除。[77] 取而代之的是建基於理性，經驗和嚴格方法的知識。這些知識邏輯清晰，以定理和完整系統表達，可以驗證真偽。科學可以嘗試為未解之謎提出答案，可以挑戰我們信以為真但其實未經確認的事情，可以為複雜的現象提供解釋，也可以指導我們的生活。極度「去魅」做成人的物化，精神空虛，社會失序等問題是後話，但在科學已經成為主旋律的時代，武術家不能免於科學的影響。在二十年代，精武體育會對科學宣傳甚多，1921 年中華武術會吳志青也在該會刊物《武術》中強調：

> 今之世界，科學世界也，科學之於世界，猶腦
> 髓之於人身，無腦髓，則人身無精神，無科學，則
> 世界無文明。……故所謂武術，亦新文明之一種

元素也，亦可曰一種科學也。[78]

從二十世紀初開始，科學化對中國武術的影響可以在幾方面看到：（一）去除談玄說怪的成分；（二）以體育和其他科學理論解釋武術功法；（三）用完整體制和課程傳授武術，以精細的文字和圖像為教材，有根據地紀錄武術；（四）以實踐提高和測試武術的實戰和健體效能。比較來說，第三點爭議較少，新興武術機構多與少都隨此道而行，並且能與舊式武館並存，中央國術館的體制更成一時之典範。其他三項，在二十年代已不斷有武術家發揚，但經中央國術館大力推行，效果還是不算徹底，在一定程度上甚至延續了二十年代的土洋體育之爭。

在新式軍事當道和西式體育風行的時代，讓武術去除神怪因素，應該是理所當然的。精武走上體育之路，當然力圖與邪巫之說劃清界線。但種種飛俠神技，經社團和武俠小說渲染，武師吹噓，早以深入民心。1919年，《精武本紀》刊登了兩篇文章，分別為陳鐵生〈盾墨餘瀋〉及中國女子體操學校王元輝等〈對於國技之疑點〉，這兩篇文章仍在痛斥種種談玄說怪：

關劍仙謬說。神仙二字，絕對荒謬。……小說家喜言劍仙，弄成不人不鬼，總而言之，統而言

之，作偽欺人耳。[79]

> 技擊為一種科學，一舉一動皆有精深之數理寓焉。……如易筋經暨呼吸術類書籍，有似迷信且未經生理學家證明。……吾輩以普及為主旨，以軀體健康為目的，更無須夫此似是似非，離奇怪異之玄學也。[80]

所以，也有文謂〈求神不如求國技〉，與其求神占卜，不如學武練好身體。[81] 但積習太深，武術和大小會門的關係也是千絲萬縷，短時間割斷關係並不容易。就如精武的刊物，既有如郎中所道的，練武術可以：「返老還童」、「長春不老」、「萬病回春」的宣傳，[82] 連載的傳說和人物傳奇，說奇人異事的也非罕見。就是武術改革者，也不見得都能夠身體力行。如創建中華武術會的謝強公仍在 1921 年的《武術月刊》大談隔山打牛，「取人首級於數百里之外者」。[83] 民國時期流行的武俠小說，又是一種表徵。飛俠奇技事實上能滿足不少人的心理需求，部分武術推廣者繼續參與創作武術演義。民國時期第一代的北方武俠小說家，包括向愷然（平江不肖生，1889-1957）、趙煥亭（1877-1951）、姚民哀（1893-1938）、顧明道（1897-1944）和姜俠魂（1884-1964），當中姜俠魂既為《國技大觀》的主編，同時又編撰《風塵奇俠傳》和《江湖廿四俠》等作品，可見武

術和奇幻仍然互相依存。

　　經過中央國術館的連番努力，國術有了更完整的體制，一部分名師，也繼續用科學話語來重新解釋武術。當中例如後來掌管天津國術館的薛顛（1887-1953），以人體的生理學解釋呼吸。呼吸在中國武術的鍛練備受注意，固中原因，涉及氣力與健康。然而，呼吸、氣力、健康，三者到底有何關係？薛顛提出一個解說，呼吸其實是肺部的鍛練，而肺之功能與人體力量存在關聯，薛顛說：「呼吸乃弛張肺部之法。夫肺為氣之府、氣為力之君。……肺強者力旺，肺弱者力弱。」[84] 至於呼吸與健康的關係，薛顛援引生理學的角度解釋：

　　　　呼吸，且吾人肉體中，最重要之物質，為血液，夫血液之營養分，非藉呼吸不能製造純良鮮血質，因空中氣分中有一種養料，名酸素，此質吸入內部，則使全體能起酸化作用，且酸素與細胞組織中老廢物，化合而為炭酸素，藉呼吸作用以吐出之，空中之新酸素吸入腹內後，則能使黑暗色之舊血液為深紅純良之新血液，輾轉交流，循行全身。[85]

　　薛顛以生理學作為參照，解釋武術注重呼吸之原因在於加強肺部功能，既能增加力量，又能維持身體健

康。不過，如同之前的嘗試，這些解釋如何能貫徹武術的教與學，還是需要改革者進一步補充。另外，當時武術家與生物學或者醫學家還不能全面協作，所以這些解說未必真的合乎現代的醫學原理。歸根究底，武術家的觀念並非短時間可以改變。且看三十年代的改革者對當時的風氣的觀察：

> 像信口亂談，那種漆黑一團的訣語，我們要打破這種疑團，而顯露真武術本相來，非借助近代的科學，是無濟於事的。……這種障礙，在國術界本身，為學術發展起見，實有鳴鼓而功的必要。所以國術科學化，為現代國術邁進的方案。[86]

要武術脫離文學想像同樣需時。就是到了三、四十年代，南北武術界人士，還是樂於以文學表達武技。1938 年起在天津發表《十二金錢鏢》而聲名鵲起的白羽（宮竹心，1899－1966），他本人對太極拳最有興趣。他其後出版的《武林爭雄記》、《血滌寒光劍》和《偷拳》等等，都引人入勝的武術場面。代表作為《鷹爪王》的鄭證因（1900-1960）不但習太極拳於北平國術館許禹生門下，更曾任白羽的技擊顧問。廣派技擊小說代表人物朱愚齋為洪拳林世榮（1861-1943）的徒兒，黃飛鴻（1847-1925）的徒孫，著有關於其師公黃飛鴻

的《黃飛鴻別傳》、《陸阿采別傳》和《嶺南奇俠傳》的短章作品，和重塑少林英雄的長篇武俠小說如《少林英烈傳》。一般讀者，只求娛樂，未必深究武林傳說和武技。也因此，真真假假的傳說還是夾雜在武術之中。

反而實戰對某些人眼中神通廣大的中國武術提出了最大的挑戰。年輕一輩國術習者受到啟迪，努力尋求武術實際效能。在二十年代，精武和其他機構的比賽和匯演，還是重視表演和對練，所謂名家和外籍拳手的擂臺較量，是傳聞多於正式記錄。中央國術館強調武術的實效，搏擊比賽應該是值得大加發揚。誰有能耐，不能信口雌黃，無用武俠小說家背書，手底下見真章好了。張之江對搏擊的推行，下過功夫，而且得力於朱國福（1891-1968）的襄贊。1929 年，朱國福任職中央國術館教務處長，注重革新教學，強調搏擊增加實用性質。這點引起不少的非議，部分教員認為國術館應該以傳統的教學方式為主，按照套路進行訓練，鍛練內外功夫。[87] 幾經努力，大規模對抗性質比賽的終見於 1929 年 11 月在浙江杭州舉行的「國術遊藝大會」。

國術遊藝大會由浙江省國術館籌辦，館長張之江任名譽會長、李景林任會長兼評判委員長、省民政廳長朱家驊等任副會長。遊藝大會主要分為兩個部分，一是擂臺較技，一是表演比賽，可謂民國武術的一大盛事。後來，南京中央國術館將相關的活動資料加以整理，出版

《浙江國術遊藝大會彙刊》，記錄了遊藝大會的詳細資訊，包括當時不同界別名人對武術的意見、大會的會務與公牘、各方的電文和公函、比賽的成績等等，尤其圖片，彌足珍貴。邢一拳在彙刊發文，強調國術必須有攻守內涵：「或謂強身之法，有運動在，殊不知運動，只講強身，而不講攻守；國術則係一舉兩得之法，此理甚明。」[88]

是次遊藝會，制定了比試規則：

> 比試日按規定時間各比試員一律到場聽候點名……
>
> 比試人員定三十二人為一組共分若干組先由委員長用搖球法搖定之……
>
> 比試次數以三次為限……
>
> 比試時間每次以三分鐘為限……
>
> 比試時不準挖眼不準扼喉不準擊太陽穴不準取陰犯者按刑事條例處分之……[89]

比賽的規則還有很多，以上只是略為舉例，這不能不說是建構近代擂臺較技的規則。比試的結果第一至六名分別是王子慶、朱國祿（約 1900-1972）、章殿卿、曹宴海、胡鳳山、馬承智（1889-1978）。[90] 唐豪對這結果，有相當詳細的分析。[91] 他直接了當地指出，較技就

是檢驗的最好方式，專習悅目的套路而不習搏擊者，無法通過擂台的檢驗。眾多江湖好手敗落，證實了重視實踐的價值。作為中國近代第一次大型的擂台比賽，各種安排自然未盡完善，卻是重要的嘗試。比賽期間，規則一再改動。例如其中一條規則為雙方不分勝負，均可進入下一輪比賽，導致第二輪的選手超過半數。為此，大會評判委員會將規定修訂為平手者，雙雙作負。比賽馬上變得激烈，眾多參賽者受傷，尤其頭部受傷者多。於是，大會評判委員會補充規定，不得連續進攻頭部。[92]

在實際效能的驗證，科學的評估之下，武術一些潛在問題也浮現出來。由此產生的，有一種防衛的心態，一方面贊成西方體育科學的作用，但同時要堅持中國方式的體育特別適合中國人和中國文化和當前國情。1920 年代的土洋運動之爭，也是如此展開。「土」代表了以武術為主體的體育，「洋」代表以西洋體育為主體的體育，支持所謂「土體育」的，強調「土體育」不儘然可以在「洋體育」的尺度下評估。典型的論調是武術能自衛，能作戰，能健身，而且無論老幼男女都可以用的，當然最適合中國。1923 年，黃維慶在《精武》發表〈國技與外國體操之比較〉一文，提出了概括性的解釋。他說：

國於二十世紀若肉強食之世，非體育不足以圖

存。中國自科舉廢、學堂興，始昌言體育。然究其所習，多取法於歐美式之體操⋯體育在運動，構無下列之優點，不足以言良好運動：（一）須可作單人運動，亦可作群眾運動。（二）須氣血相長，不偏於一肢。（三）須不用過分力量，以妨害生理。（四）須增加人趣味，不致廢然思返。（五）須隨時隨地，皆可運動。（六）須有自衛功用。（七）須老幼男女可同習。（八）凡器械運動，其器械須隨地可的得。凡此為要點，歐美式之體操，吾非謂其無價值。苟加以密切之觀察，⋯⋯外侮之來，又不能藉以自衛，求其一投手、一舉足，精神力，貫澈無遺。足當上列之優點者，舍吾華固有之國技，皆不足以語此。[93]

當中血氣之說，仍是以舊話語說明，傳統武術能養成西方體育未必能達到的健康效果。事實上，中國武術有洗髓易筋的特效之說，還是一直有人支持，[94] 強調中國武術方最能協助中國人修練身體（衛生的）與精神（訓練的）的說法也是不斷出現。[95]

既求科學的發明，但強調只有中國武術才能達到身心培育的一體性，是整個二十年代武術改革的個堅持。1928 年，中央國術館成立後，仍然強調此說。《中央國術館彙刊》，彙刊的〈本館宣言〉指：

國術以手眼身步為鍛煉的本位，四肢百體，

協同動作，決無偏於一肢體，及一部分的弊

病。……國術最適合人的生理，鍛煉的功效，並能

增長神氣，調和血脈，有百利而無一害，決無運動

過於劇烈的危險。……國術是體用兼備的，既可以

強身強種，……使人人皆有自衛衛國的能力。[96]

　　武術是整體運動，能調和血氣、不分年齡、自衛

防身。尤其值得注意的是，武術與精神的聯繫。[97] 捍衛

「土體育」的不一定都精通中醫、武術，但他們的論述

很長時期靠氣血、筋肉、道德、精、氣、神等詞彙支

撐，以標示和洋體育不一樣的原理和效能。[98]

　　《國術週刊》在 1934 年的〈復刊的幾句話〉中仍

然回到「一適合國情。二不背科學原則」[99] 的說法。所

謂「不背科學原則」那時代少有人公開反對，但說「適

合國情」而不流於保守就要有新洞見。作者仍持體育屬

於大眾，西式運動講求設備，不利傳播，「僅僅便宜了

少些的體育家合資產家」之說。[100] 張之江仍沒大偏離這

調子，所謂：「國術者，乃我國固有之武術，其維護我

國五千年文化歷史於不絕者，國術之功泰半焉。」在古

代，國術能健身也能衛國，「國術尚為全民所必習，故

能國運昌隆……」。[101] 原因之一是，國術包含體育與技

擊，到今天仍能健身又有實戰價值，「故無論歐式體育

其效用不逮國術之宏大，即使相埒或駕而上之，而經濟設備，實非我國財力所能辦到」。[102] 國術屬於廣大中國民眾，隨時隨地可練，效果也好。又云：「或謂各項體操運動，亦皆可收健身之效，以不必偏重國術，殊不知各項體操，止可以舒暢筋骨，而國術更可以自衛禦侮，拒寇殺敵……。」[103] 學校推行的運動，過分強調競爭，對孩童身體害多於利。[104] 所以能健體，更能用於今天戰場上的白刃戰的國術，才是中國所需。中國大刀隊的豐功偉績，特別值得國人紀念。[105] 當時的軍事強國，如日本一早將柔道劍道編入學校課程，[106]「德國人普法之戰，變通刀劍的用法，利用白刃格鬥，便勝了法國人……」。[107] 中國有這麼大的一個武術寶庫不用，怎不可惜？

劉長春（1909-1983）在 1932 年奧運失利，土體育、洋體育，哪個更為合適？當中，有論者持比較極端的觀點，例如〈今後之國民體育問題〉：

> 夫歐美日本流行之運動競賽，究之，乃有閒的國民之遊戲事也。其最大妙用，在使青年學生餘剩的精力時間，有所寄託，使其興味集中於運動競賽，免為政治鬥爭。……故西式之運動，中國既不暇學，亦不必學，且不可學。……請從此脫離洋體育，提倡土體育！中國人請安於作中國人，請

自中國文化之豐富遺產中，覓取中國獨有的體育
之道。[108]

　　上文將武術與民族認同、文化認同連結，認為西洋
體育純粹轉移青年人的視線，於國家、民族無益，應該
推動中國固有的資源。張之江主理的《國術週刊》將上
文放於卷首，顯見有意突出這種看法。從這些極端的討
論，不難發現，在當時的文化和政治氣候，土洋之爭還
是揮之不去。在 1936 年的柏林奧運，中國運動員還是
在足球、田徑、拳擊和游泳等項目與全球好手角逐，團
隊而且比從前更大，足有六十九人。[109] 獎牌沒有拿下，
但九人的國術表演隊卻得到意料之外的熱烈讚賞，之後
更獲邀前往漢堡、法蘭克福和慕尼黑表演。這是否意味
著土體育才是中國人該努力發展的方向呢？

第四節
科學化與精神世界開展的背反

　　有學者指出，去魅在群眾之間引起的兩種反響，其一是相信有個別領域，非科學和理性可以解釋，其二是覺得可計算，按程式，合乎形式理性的方法，不一定最好。[110] 中國的文化和學術自有其獨特的內在發展理路，但在晚清到民國初年，武術走向體育化和科學化的時候，尤其內家拳的名師，在嘗試匯通中國武術和西方科學的時候，也特別討論武術與精神修煉的關聯，當中形而上的討論不少，可以說是時代大流的反響。

　　上文一再提到，中國古代的一些哲學義理和武術的微妙關係，無論說箭、說劍、說陰陽，主要還見於後人的解釋。哲學如何指導武術，精神和武術世界如何互通，明代以後稍有記載。明人程宗猷（1561-？）在《少林棍法圖說》自道寫作的緣由：

> 俾人人得以自師云耳。雖然以一言而決勝負之機，一勢而寓變化之狀，雖曰末技，不無苦心。世有同志，倘緣是編，假筏登岸於以壯干城，靖疆

圍，俾師門之指授，益藉光且大也。是又餘之志也夫。[111]

當中有保衛「干城」、以「靖疆圉」的鄉土關懷，可算及於精神面貌。生平不詳，卒於明代的劍客畢坤，其著作《渾元劍經》，闡述劍術原理、劍客戒律、劍術招式與應用等；[112]他在〈渾元劍法內外篇原序〉中指出，劍術可以通往另一個境界：

> 此劍也，實亦入道之基。小可神變超塵，大則可以氣奪屍解。極則胎脫神結，面朝上帝，而拔升矣。[113]

「劍」成為入道的基礎，通過習練，而邁向不同的層面，小則可以獲得不可思議的能力，所謂「身變」；大則可以託劍得道，超脫飛升。畢坤《渾元劍經》，除了劍術之事外，還有符、咒等內容，可見滲入了道教的元素。在道教的世界裡，存在不同的境界，人經過修行，可以逐一而上，層層提升。[114]

十九世紀中至十九世紀末，形意拳流傳在民間的抄本有《倚山武論》、《七疾八正》、《六合拳譜》、《六合形意拳譜》、《形意拳譜》；[115]各抄本成於不同時期，內容的先後次序、用字用詞等出現一定的差異，甚至紕

漏，但都有用哲學話語表達武技之外的精神意義，如：

> 名雖曰武，其實貴和，二者，智與勇，順成自
> 然之謂也，豈近世捉拿勾打、逞其跳躍、悅人耳
> 目者可比。……拳大約，不外陰陽虛實及六合等
> 事，夠能日就月將，自然能去能就，能弱能強，能
> 進能退，能柔能剛，不動如山嶽，難知如陰陽，
> 無疆如天地，充足如太倉，浩妙如江海，元耀如
> 三光。[116]

身體的鍛煉可以洗滌心靈，從而智勇並重，達到
「和」的境界。如能鍛煉無間，甚至可以感悟到具有普
遍意義的規律。武術乃可分為兩類，一類只關注技擊層
面，一類超越「捉拿勾打、逞其跳躍、悅人耳目」，還
開拓「精神世界」。明清時代開始，武術與「精神世界」
之間，呈現出一絲的關聯；到晚清民國時期，科學化與
去神秘化越發展，反而越多人在意於將這關聯說明。

民國的武術的一個基本的想法是內外兼修，從體育
的角度，內主要講氣質、禮儀、精神健康等等，但在個
別門派之中，內在的修練是要以拳入道。許禹生二十年
代編輯的《體育叢刊》，當中收納不少有關武術「內」
「外」的問題的文章，較平實的，「內」講勁，「外」講
強健體魄。[117] 然而，更多的武術界人士，知悉體育和科

學大勢已成，但希望新的武術體系裡面，傳統的精神價值仍有一片天地。林小美在《清末民初中國武術文化發展研究》中指出，清末民初的武術進化存在一條內在理路，「武術吸收了儒釋道的不同說法，順應當時的主流文化，將自身的技術系統架構在中國傳統哲學為基礎的理論之上。反之，武術也成為傳遞中國傳統文化的載體，從武術的技擊動作和理論中我們可以直觀地看到傳承千年的中國偉大的哲學思想」。[118] 所以名家陳鑫（1894-1929）、孫祿堂和薛顛等講武術時，要講更多的國家，文化，養生和精神修養：

> 象形術 …… 以卻病苦，…… 是體育入道之法門也，且此術以修養膽力為主腦以衛國保民為宗旨。[119]
>
> 太極拳雖無大用處，…… 我國苟人人演習，或遇交手仗敵，雖強盛其奈我何？是亦保存國體之一道也。[120]
>
> 此八卦拳術關係全體精神，而能袪病延年，又不僅於習拳已也。[121]

從外而言，練習拳術不單能獲得武技，而且能強健身體，這是三人共同的前提；從內而言，練習拳術可以改善精神、提高修養、塑造愛國情懷，甚至保存國體。[122]

陳鑫精於太極拳，著作主要成於 1908 至 1919 年間，今天回望，正是新舊交替的時候。陳鑫認為天人之間，存在共通的規律：「吾身即天地而上下同流，萬物一體，皆吾身所固有，而非由外鑠我者」。[123] 因此，練拳時，只要通過恰當的方法，便能體會這規律。這種恰當的運動方式稱為「纏絲」：

> 太極拳纏絲法也：進纏、退纏、裡纏、外纏、大小纏、順逆纏，而要莫非即引即纏、即進即纏，不能各是各著。若是各是各著，非陰陽互為其根也。……打拳之道，吾心中自有權衡，因他之進退緩急而以吾素練之精神臨之，是無形之權衡也。以無形之權衡，權有形之跡象，宜輕宜重，而以兩手斟酌適得其當，斯為妙手。[124]

「纏絲」這方法，既是練習時的原理，又是應用的準繩，同時是運「中氣」的竅門：

> 吾讀諸子太極圓圖，而悟打太極拳須明纏絲精。纏絲者，運中氣之法門也，不明此即不明拳。[125]

當中所言，是身體也是精神。如果「中氣」培養得

當，便成「浩然之氣」，培養失當，即是「血氣」:「不滯不息、不乖不離、不偏不依，即是中氣，加以直養無害工夫，即是乾坤之正氣，亦即孟子所謂浩然之氣。一拂氣之自然，參之橫氣，則生硬橫中，勢難圓轉自如，一遇靈敏手段，自覺束手無策，⋯⋯所以不敢徒恃血氣而並參之以橫氣」。[126]《陳氏太極拳圖說》內有〈太極拳纏絲精圖〉，以圖畫與文字的方式，扼要說明太極拳如何能夠改變身心，從而躋身聖賢之列:[127]

第三白路黑路，以象人人兼陰陽五行之氣，以生者也。第四白路，即孟子所謂浩然之氣;黑路，即人之血氣，配以道義，即為正氣，即是浩然之氣。第五白路，即道心，所以宰乎氣者也;氣非理無以行，此性中之理也。黑路，即人心，聖賢所謂私心也。中間白點即克念，黑點即罔念也。惟聖人但存克念去其罔念。罔念即告子所謂食色性也。人

皆有之，人能去此一念之私，使之永不發動，則純乎天矣。純乎天則打拳解隨天機⋯⋯太極原象皆從吾身流露。[128]

上述的描述，無疑是沿襲理學變化氣質的思路。理學變化氣質之說，要點在於將氣質之性轉化至義理之性，完成人格。陳鑫借用此說，並稍為轉化，說明太極拳變化氣質的過程：以「纏絲」的方法，運動「中氣」，並培養「浩然之氣」，淨化「血氣」，使「罔念」「私心」永受克制，身體便流露天理。太極拳的習練，得以被形塑，成為通往儒學聖賢境界的方式。

張之江推動武術不遺餘力，在不同場合、刊物指出武術的時代意義，這些演講及文字後來編輯成著作，例如《國術與國難》、《張之江先生國術言論集》等。1928 年，張之江作演講，顯示出他對內外家的構想，也是直截了當：

內功就是精氣神，外功就是練筋骨力。[129]

在這主調之下，來自《體育叢刊》、《體育》、《求是集刊》等等的作品，不少討論武術在身心產生的效果。一般講的都是身心健全之類平實話，[130] 較細緻如 1932 年，沈維周〈國術乃田徑進化而再進之產物〉：

（一）加入舞蹈之姿勢，以求美觀。（二）加入

導引術，以練精氣神，期成內外兼修之功。（三）
加入舒筋練骨之法，以求健全體格。[131]

講到了導引之說，但卻提供無具體實踐之法。但就是在張之江建立的國術系統中，講以拳入道的作品，也佔一定重量。關於以拳入道，下文以孫祿堂的敍述為例。

孫福全，字祿堂，河北完縣人。孫祿堂認為天人之間，本來存在關聯，可惜由於種種原因，無法完全呈現這關聯是「人生於天地之間，秉陰陽之性，本由渾然之元氣，但為物欲所蔽，於是拙氣拙力生焉」。[132] 在孫祿堂的詮釋下，拳術成為回復天人關聯的方法：

> 總之，不外形意、太極、八卦諸拳之理。一氣伸縮之道，明善復初之功，求立於至善之極點，以復先天之元氣。和而不流，中立而不依，可與後世做法，亦可為萬物立命。[133]

於是，習武時的要點成為關鍵，方法正確則能逐步回復天人之關聯；反之，則背道而馳，離開越來越遠。孫祿堂在其著作強調要注意「三害」：努氣、拙力、提胸提腹；「九要」：塌、扣、提、頂、裹、鬆、垂、縮、起鑽落翻分明。[134] 尤其「中和」要「練到至善處，

以和為體，和之中智勇生焉。極未動時，為未發之和，極已動時，為已發之中。所以拳術一道，首重中和，中和之外，無元妙也」。[135]

孫祿堂詮釋武術具有回復天人關聯的功能，只要按照要點，反復練習；在正確無誤的前提下，武術的鍛煉，便會產生變化身心的效果，從而躋身「道」的領域：

> 學者知此，則形意拳中之內勁即天地之理也。又人之性也，亦道家之治金丹也。勁也、理也、性也、金丹也，形名雖異，其理則一。其勁能與諸家道理合一，亦可以同登聖域，能與天地合其德，與日月合其明，與四時合其序，與鬼神合其吉凶。[136]

拳術經過孫祿堂說明，能將「拙力」轉化為「勁」，而「勁」又與宇宙客觀的規律同質，又等同於內丹術的金丹。武術與道學的交匯，龔鵬程稱為道學化，並呈現武術轉向至醫療保健的功能：「武術之所以逐漸轉向醫療保健功能的一個重要轉折，是武術的道學化。……我們便可以知道太極形意八卦在孫氏（筆者按：孫祿堂）以前並沒有誰講得那麼玄，並未把拳跟《易》學、修道結合起來講。孫氏以後，此風大熾，都把練拳和身心調適，完善自我相結合，此即為武學的道學化。」[137]

後來掌管天津國術館的薛顛，也有類似的敘述。薛顛開宗明義，指出兩種性質的武術，「武藝」與「道藝」：

> 蓋夫武術一途，分內外兩家，有武藝道藝之稱，練武藝者，注意於姿勢，而重勁力，習道藝者，注於養氣而存神，以意動，以神發也。[138]

從以上可見，晚清以後的部分武術著作，將武術向儒、釋、道的領域延伸，由此形成武術的精神世界。如此，武術的練習，主要把握要點；通過這些要點，持之以恆地練習，便能進入「道」的境界。這些武術著作，固然涉及技擊。與此同時，亦建構了通往「精神世界」、以武入道的構想；中國武術這套完善身心的論述，亦因此而得到更多的呈現。

從武術進入道的更高境界，雖說並非人人知其然和所以然，但起碼在看得出貫通武術和心性的企圖，在民國還是有一定討論價值和空間。當中牽涉儒、釋、道的境界和價值觀，就是強調科學化的武術團體，對相關討論也是比較包容。但如此卻讓一些玄之又玄的陳述得以存在。1932年，姜容樵（1891-1974）在《國術週刊》發表〈國術功夫與丹道貫通說〉一文，指出：

第一步功夫是易力、第一層道理是練穀化精、……第二步功夫是易骨、第二層道理是練精化氣、……第三步功夫是易筋、第三層道理是練氣化神、……第四部功夫是洗髓、第四層道理是練神還虛。……治技至此，心中空空洞洞，不有不無，至虛至空；非有非無，不空而空；心無其心，心空也；身無其身，身空也。意無其意，意空也。空而不空，是為真空。能與天地合其德，與日月合其明，與太虛合其體。[139]

姜容樵不但指陳武術與內丹術的關係，並且更進一步，描述一種高遠的境界，其所為「至虛至空」、「不空而空」，達到與天地、日月、太虛同步的狀態。姜容樵的陳述，不可謂不高玄，及極其神秘。1935 年，署名鐸庵的〈性功拳解〉被刊登在《國術週刊》，作者對於「性功拳」有以下解說：

在國術中，有名性拳者，一名神功，又名三皇功，其功與俗名神打有別。……然真正之神功，……乃功夫中之上乘，以性靈為主，以意為輔，為氣為本，以神為用，均乃修道精要，跌坐運神，或參禪求性而來者也，……功之純者，可隨心所欲，依性靈之作用，……此功一成，即入地

仙之門，長生不老矣。[140]

　　鐸庵指出武術的修練可以轉化成地仙、甚至長生不老。以上舉出數個例子，說明有關武術的神秘內容，包括凌空擊人、與天地日月太虛合體、成仙、長生不老等論述，出現在武術刊物。以上種種，對武術的想像，卻見於不同的武術專著及刊物，這種想像與宗教的神秘主義不無關係。

第五節
小結

———

　　從晚清尚武之風再起，到 1937 年抗日戰爭全面展開，不過四十年左右。四十年算短不短，但要轉化傳統武術為全民內外兼收之技，還是倉卒。1928 年中央國術館創館，鼎盛歲月不過十年，要打造一個願景更為宏大的國術，是難上加難。畢竟要吸收、消化和融會的新事物不少，要整理以致排除舊事物也得有策略和優次地進行。體育化、科學化和體制化看似是民國以來中國武術界的共識，中央國術館以更大的力量去貫徹實行，實現強民建國的雄圖，理論上應有一呼百應之效。問題是，武術這界別也殊不簡單，從業者各有眼界和利益。觸及門派的問題時，難以顧及傳統和營生利益；求去神秘化，最終也造成理念上的矛盾。單是張之江坐鎮的南京中央國術館，尚且人事紛爭不絕，在省級的國術館，更是各有領導，各有方向。很難想像千頭萬緒的南京政府，會把國術發展看成發展重點。張之江掙到十年發展的機遇，已經算是有所交代，難再強求可以徹底解決中國武術的各種問題。

注釋

1 〈張汝蘋電閻錫山政府已任命張之江任察省都統今日到口視事〉，國史館檔案史料文物查詢系統，https://ahonline.drnh.gov.tw/index.php?act=Display/image/1587771PS=2Hla，2021 年 7 月 31 日查閱。

2 〈張之江電閻錫山慨自戰禍相尋幾無寧日國無以立民不聊生〉國史館檔案史料文物查詢系統，https://ahonline.drnh.gov.tw/index.php?act=Display/image/1587806rYl9DlO#beF，2021 年 7 月 31 日查閱。

3 馮自由：《中國革命運動二十六年組織史》（上海：商務印書館，1948），頁 321。

4 萬樂剛：《張之江將軍傳》（北京：團結出版社，2015），頁 37。

5 同上，頁 148。

6 嚴如平、宗志文：《民國人物傳（卷 9）》（北京：新華書店，1978），頁 152。

7 湯志傑：〈體育與運動之間：從迥 於西方「國家／市民社會」二分傳統的發展軌跡談運動在台灣的現況〉，頁 51-52。

8 劉紅軍、花家濤：〈國術：一項基於近代中國語境的概念史考察〉，《山東體育學院學報》期 2（2020），頁 45-46；對武藝，武術，國技和國術等等詞意的變化討論甚詳。

9 何炳松：〈論所謂「國學」〉，劉寅生、謝巍、房鑫亮編校：《何炳松史學論文集》（上海：上海古籍出版社，2012），頁 172-180。

10 〈中央國術館理事張之江呈國民政府為國術館館務略有端緒擬具組織條例呈請公佈並懇特簡館長以總厥成〉，國史館檔案史料文物查詢系統，https://ahonline.drnh.gov.tw/index.php?act=Display/image/15248510RsgL=g#1OH6。

11 〈國民政府秘書處函中央國術館有關請將中央國術館組織大綱備案一案經委員會議決議修正通過〉，國史館檔案史料文物查詢系統，https://ahonline.drnh.gov.tw/index.php?act=Display/image/15248510RsgL=g#1OH6, 2021 年 7 月 31 日查閱。

12 從國史館檔案史料文物查詢系統輸入關鍵字「張之江」或者「中央國術館」，可以查核大部分當時中央國術館和國民政府的文書往來，包括預算，課程和活動。

13 張之江：〈中央國術館緣起（1931）〉，頁 2；《民國國術期刊文獻集

成》卷 14，頁 280。

14　同上，頁 3-4；《民國國術期刊文獻集成》卷 14，頁 280-281。

15　同上，頁 3；《民國國術期刊文獻集成》卷 14，頁 281。

16　同上，頁 17；《民國國術期刊文獻集成》卷 14，頁 295。

17　張之江：〈中央國術館緣起（1931）〉，頁 29；《民國國術期刊文獻集成》卷 14，頁 307。

18　同上，頁 35；《民國國術期刊文獻集成》卷 14，頁 313。

19　徐泰來：〈國術家的責任〉，《浙江國術遊藝大會彙刊》（1929），頁 38；《民國國術期刊文獻集成》卷 13，頁 188。

20　福民：〈再談怎樣提倡國術〉，《國術半月刊》卷 1 號 4(1932)，頁 2-3；《民國國術期刊文獻集成》卷 14，頁 54-55。

21　白啟祥：〈何謂國術家〉，《浙江國術遊藝大會彙刊》（1929），頁 22-23；《民國國術期刊文獻集成》卷 13，頁 172-173。

22　《浙江國術遊藝大會彙刊》（1929），頁缺；《民國國術期刊文獻集成》卷 13，頁 136-137。

23　〈省政府代表朱家驊廳長致辭〉，《浙江國術遊藝大會彙刊》（1929），頁 4；《民國國術期刊文獻集成》卷 13，頁 202。

24　《中央國術館彙刊》（1928），頁 19-20，《民國國術期刊文獻集成》卷 8，頁 405-406。

25　林小美等：《清末民初中國武術文化發展研究》（杭州：浙江大學出版社，2012），頁 167。

26　文中的中央國術館系統組織結構圖，引自易劍東：〈精武體育會與中央國術館的比較研究〉，《體育文史》期 6（1995），頁 22。

27　《民國國術期刊文獻集成》，〈目錄索引〉，頁 14。

28　同上，頁 15。

29　同上，頁 13。

30　同上，頁 10。

31　〈第一次國考特刊〉，（七）考試錄，《民國國術期刊文獻集成》卷 9，頁 51-57。

32　曾超勝等：《廣東武術史》（廣州：廣東人民出版社，1989），頁 78-80。

33　〈中央國術館長張之江函國民政府秘書處有關廣州各界建築總理紀念堂紀念碑徵集題詞等謹湊蕪詞藉中追慕即祈轉達〉，國史館檔案史料文物查詢系統 https://ahonline.drnh.gov.tw/index.php?act=Archive/

search/eyJxdWVyeSI6W3siZmllbGQiOiJfYWxsIiwidmFsdWUiOiLl
LXkuYvmsZ8ifV0sImRvbWNvbmYiOnsicXVlcnlfaGlzdG9yeV9jb25
0ZW50IjoiYmxvY3siLCJwb3N0X1F1ZXJ5X2NvbnRlbnQiOiJibG9ja
yIslmZhY2V0c2J5Ijoiem9uZ19uYW1lIiwiem9uZ19uYW1lIjoiYmxv
Y2siLCJ5ZWFybVtljoibm9uZSIsInBlcnNvbi6lm5vbmUiLCJsb2Nh
dGlvbi6lm5vbmUifX0%3D/61-80, 2021 年 7 月 31 日查閱。

34   〈總理遺囑〉,《浙江國術館月刊》期 1(1929),頁 4;《民國國術期
      刊文獻集成》卷 10,頁 4。

35   〈三民主義立場上的國術觀及今後的希望〉,《江蘇省國術館年刊》,
      《學術分卷》,頁 7;《民國國術期刊文獻集成》卷 10,頁 211。

36   〈本館成立宣言〉,《江蘇省國術館年刊(言論卷)》(1929),頁 3;
      《民國國術期刊文獻集成》卷 10,頁 185。

37   張之江:〈中央國術館成立宣言〉,《張之江先生國術言論集》
      (1931),頁 7;《民國國術期刊文獻集成》卷 14,頁 285。

38   張之江:〈中央國術館三週(年)紀念大會宣言〉,《張之江先生國術
      言論集》(1931),頁 27;《民國國術期刊文獻集成》卷 14,頁 305。

39   破書鈍劍樓主:〈俄大力士平津流浪記〉,《國術週刊》創刊號
      (1931),頁 3-4;《民國國術期刊文獻集成》卷 12,頁 61-62。

40   破書鈍劍樓主:〈麥加羅夫碰壁記〉,《國術週刊》創刊號(1931),
      頁 5;《民國國術期刊文獻集成》卷 12,頁 63。

41   龍虎生:〈國術家之抗日者〉,《國術》卷 1 期 1、2(1932),頁
      17;《民國國術期刊文獻集成》卷 14,頁 19。

42   王廣西:《功夫——中國武術文化》(台北:雲龍,2002),頁 425-
      445。隨著非物質文化遺產的流行,相信今天中國武術的拳種,遠多
      於兩百零七種。

43   李影塵:《國術史》(台北:逸文武術文化,2008),頁 1。

44   俞大猷:《劍經》,馬力編:《中國古典武學秘籍錄(上卷)》(北京:
      人民體育出版社,2005),頁 19。

45   程宗猷:《國術四書》,〈單刀法選〉,無頁數。

46   李塨:《學射錄》,馬力編:《中國古典武學秘籍錄(上卷)》,頁
      217。

47   吳殳:《手臂錄》,馬力編:《中國古典武學秘籍錄(上卷)》,頁
      241。

48   黃宗羲:〈王征南墓志銘〉,頁 128-129。

49 　朱一玄編：《聊齋誌異資料匯編》（天津：南開大學出版社，2002），頁 492。

50 　曹秉仁纂修：《寧波府志（四）》（台北：中華叢書委員會，1957），頁 2289-2290。

51 　趙爾巽主持編修的《清史稿》云：「王來咸，字征南，浙江鄞縣人。先世居奉化，自祖父居鄞，至來咸徙同，從同里單思南受內家拳法。內家者，起於宋武當道士張三峰，其法以靜制動，應手即僕，與少林之主於搏人者異，故別少林為外家。其後流傳於秦、晉間，至明中葉，王宗岳為最著，溫州、陳州同受之，遂流傳於溫州。嘉靖間，張松溪最著，松溪之徒三四人，寧波葉繼美為魁，遂流傳於寧波。得繼美之傳者，曰吳昆山、周雲泉、陳貞石、孫繼槎及思南，各有授受。思南從征關白，歸老於家，以術教，頗惜其精微。來咸從樓上穴板窺之，得其梗概。以銀巵易美樽奉思南，始盡以不傳者傳之」，趙爾巽等撰：《清史稿》（北京：中華書局，1977），卷 292〈藝術四〉，頁 13919-13920。

52 　關於張三峯，這位具有符號意義的人物，有說其名字的寫法為「張三豐」、「張三丰」，或「張三峰」。本文採用了「張三峯」這寫法，原因在於呈現「張三峯」與武術相關的文獻，最早為——〈王征南墓誌銘〉，當中的敘事，成為日後不同說法的起點或重要元素。原文詳見黃宗羲：《南雷文定前集後集三集》（上海：商務印書館，1936），頁 128-130。至於引用文獻時，則採用該文獻的寫法。關於「張三峯」以及太極拳的相關討論，可以參考的資料相當多，諸如方磊〈審視太極拳之淵源〉，《遼寧師專學報》卷 14 期 3（2012），頁 49-51,105；洪浩、梁宇坤：〈張三豐創太極拳說考論〉，《武漢體育學院學報》期 3（2015），頁 46-52。某些說法指出「張三峰」與「張三豐」寫法不同，是不同的人物。有趣的是，「王宗岳」也存在類同的情況，究竟是「王宗岳」還是「王宗嶽」？因此，「張三豐」、「張三丰」，還是「張三峰」；「王宗岳」還是「王宗嶽」；不同的寫法，是相同的人物，還是不同的人物，相信可以留下一個空間，讓讀者自行判別。然而，若跳出真偽的探求，張三峯的傳說，明顯與道教有關，相關的討論相當多，例如任繼愈《中國道教史》（台北：桂冠，1991），頁 704-706；黃兆漢：《明代道士張三丰考》（台北：台灣學生書局，1988）等。因此，從張三峯與武術的關聯，出現「時代越後，傳說中的中心人物愈放愈大」的情況，這不難發現武術向宗教延

53 關於張三峯、內家拳、太極拳三者的牽涉，涉及文獻資料的問題。有關太極拳的文獻，版本相當複雜，在清代雖然存在過木版或石板，然而以手抄本為主。由於輾轉抄寫的關係，各手抄本的內容，不盡相通，甚至存在極大的差異。例如關於太極拳與張三峯的關聯，李亦畬的〈太極拳小序〉成為焦點，不同的抄本存在兩種不同的記述——「太極拳不知始自何人」及「太極拳始自宋張三丰」，詳見王宗岳等著，沈壽點校考譯：《太極拳譜》（北京：人民體育出版社，1995），頁 343-345；該書搜集了清代不同版本的《太極拳譜》，讀者可以考察不同版本之間的差異。若脫離考證真偽的視野，從被討論、被注意的時間來看，張三峯、內家拳、太極拳，三者出現整體的記述以及被討論，當屬清末以後，尤其在民國時期，成為熱點。

54 楊澄甫編：《太極拳要義》，楊澄甫等；心一堂編：《楊澄甫太極拳要義·永年太極拳社十週年紀念刊》（香港：心一堂有限公司，2020），頁 3-5。

55 吳圖南：《國術太極拳》（太原：山西科學技術出版社，2001），頁 7-17。

56 許禹生：《太極拳勢圖解》，馬力編：《中國古典武學秘籍錄（上卷）》（北京：人民體育出版社，2005），頁 172-174。

57 安汝傑通過清初至晚清的小說包括：蒲松齡《聊齋誌異》、曾衍東《小豆棚》、采蘅子《蟲鳴漫錄》、昭槤《嘯亭雜錄》、王韜《遯窟讕言》、《淞隱漫錄》、夏荃《退庵筆記》、潘綸恩《道聽塗說》等，分析有關少林的故事，詳見安汝傑：〈虛中融實——清代筆記小說少林功夫與少林僧徒的文學想像〉，《西南交通大學學報（社會科學版）》期6（2016），頁 61-67。

58 佚名，尊我齋主人：《少林宗法·少林拳術秘訣》（台北：逸文，2005）。

59 同上，頁 107。

60 同上，頁 108。

61 同上，頁 118。

62 同上，頁 114。

63 同上，頁 115-116。

64 同上，頁 116。

65 龔鵬程：《武藝叢談》，頁 51。

66　程大力、王小兵、程馨：〈「峨眉派」詳考——兼論峨眉派武術絕非峨眉〉，《中華武術研究》期 4（2015），頁 6-23

67　唐豪：《行健齋隨筆・唐豪太極少林考》（太原：山西科學技術出版社，2008），頁 1。

68　徐震：《徐震文叢・太極拳考信錄》（太原：山西科學技術出版社，2006），頁 1。

69　唐豪：《行健齋隨筆・唐豪太極少林考》，頁 35。

70　徐哲東：《國技論略》（太原：山西科學技術出版社，2003）。

71　唐豪：《內家拳》，《國術統一月刊》期 3（1935），頁 81-113。

72　同上。

73　唐豪與徐震同樣認為張三峯為偽託，他們之不同在於太極拳的源流問題。

74　徐哲東：《國技論略》，頁 18-19。

75　徐震：《徐震文叢・太極拳考信錄》（太原：山西科學技術出版社，2006）

76　張山主編：《武林春秋》（北京：人民體育出版社，2012），頁 228。

77　Jason Ananda Josephson-Storm, *The Myth of Disenchantment: Magic, Modernity, and the Birth of the Human Sciences* (Chicago: Chicago University Press, 2017) 追溯了除魅和現代科學發展的關係，但同時強調除魅只是一個意圖和過程，不會有一個徹底的結果。

78　吳志青編撰，謝強公潤辭：〈應用科學之武術〉，《武術月刊》卷 1 期 1（1921），頁 9；《民國國術期刊文獻集成》卷 1，頁 343。

79　陳鐵生：〈盾墨餘瀋〉，《精武本紀（1919）》，頁 140；《民國國術期刊文獻集成》卷 1，頁 170。

80　中國女子體操學校王元輝等：〈對於國技之疑點〉，《精武本紀（1919）》；《民國國術期刊文獻集成》卷 1，頁 294。

81　劍侶：〈求神不如習國技〉，《佛山精武月刊》卷 2 期 3（1927），頁 4；《民國國術期刊文獻集成》卷 7，頁 100。

82　弓玄：〈拳術為・供給人生生命料〉，《佛山精武月刊》卷 1（1926），期 11，頁缺；《民國國術期刊文獻集成》卷 6，頁 110。

83　謝強公：〈說武術中之氣合術〉，《武術月刊》卷 1 期 2（1921），頁 5-7；《民國國術期刊文獻集成》卷 2，頁 45-47。

84　薛顛：《五行拳》，薛顛《靈空禪師點穴秘訣・五形拳》（太原：山西科學技術出版社，2007），頁 13。

85　薛顛：《象形拳法真詮》（太原：山西科學技術出版社，2007），頁
　　30-31。

86　聽駝：〈國術未來之動向〉，《體育》卷5期9（1938），頁3-4；《民
　　國國術期刊文獻集成》卷18，頁79-80。

87　朱國福學習西洋拳擊的經歷，見甄鳴：《揮戈定日：愛國武術教育家
　　朱國福將軍紀實》（香港：匯知教育出版有限公司，2019），頁39。

88　邢一拳：〈國術比試中吾所不能已於言者〉，《浙江國術遊藝大會彙刊
　　（1929）》，頁30；《民國國術期刊文獻集成》卷13，頁180。

89　〈會場之概況〉，《浙江國術遊藝大會彙刊（1929）》，頁17-18；《民
　　國國術期刊文獻集成》卷13，頁245-250。

90　翁國勛、朱國福編：《國術論叢》（上海：大東書局，1931），頁32。

91　同上，頁33。

92　〈舊中國第一次武術擂台賽群英唐〉，《精武》期5（2007），頁16。

93　黃維慶：〈國技與外國體操之比較〉，《精武特刊（1923）》，頁17-
　　18；《民國國術期刊文獻集成》卷4，頁103-104。

94　劉祖源：〈達摩謂修養身體有洗髓易筋之別試述其義〉，《體育叢刊》
　　（1924），頁11-12；《民國國術期刊文獻集成》，卷9，頁333-334。

95　許禹生：〈拳術教練法〉，《體育叢刊》（1924），頁9；《民國國術期
　　刊文獻集成》卷9，頁187。

96　〈本館宣言〉，《中央國術館彙刊（1928）》，頁6；《民國國術期刊文
　　獻集成》卷8，頁390。

97　王庚：〈國粹體育之真義〉，《中央國術館旬刊》期3（1929），頁
　　10-15；《民國國術期刊文獻集成》卷11，頁60-65。

98　究武：〈潭腿實驗談〉，《精武（徵求特大號）》卷3期7（1939），
　　頁缺；《民國國術期刊文獻集成》卷4，頁61。

99　興：〈復刊的幾句話〉，《國術週刊》期79（1934），頁18；《民國國
　　術期刊文獻集成》卷24，頁18。

100　同上，頁19。

101　張之江：〈國術與體育〉，《國術週刊》期82（1934），頁1；《民國
　　國術期刊文獻集成》卷24，頁41。

102　同上，頁2；《民國國術期刊文獻集成》卷24，頁42。

103　張之江：〈呈中央黨部通令各級黨部附設國術訓練班文〉，《國術週刊》
　　期87（1934），頁1；《民國國術期刊文獻集成》卷24，頁81。

104　張之江：〈國術與體育論〉，《國術週刊》期99（1934），頁2；《民

國國術期刊文獻集成》卷 24，頁 178。

108 張之江：〈大刀隊奏奇功於滬上〉《國術週刊》期 85（1934）頁 1；《民國國術期刊文獻集成》卷 24，頁 65。

109 張之江：〈論戰制勝之要訣〉，《國術週刊》期 88（1934）頁 1；《民國國術期刊文獻集成》卷 24，頁 89。

107 張之江：〈國術在世界上之地位與我們的新認識〉，《國術週刊》期 93（1934），頁 1；《民國國術期刊文獻集成》卷 24，頁 129。

108 〈今後之國民體育問題〉，《國術週刊》期 81（1934），頁 1；《民國國術期刊文獻集成》卷 24，頁 33。

109 Guoqi Xu, *Olympic Dreams: China and Sports, 1895-2008* (Cambridge,Mass.：Harvard University Press, 2008），p.45.

110 Egil Asprem, *The Problem of Disenchantment: Scientific Naturalism and Esoteric Discourse 1900-1939* (Albany: State University of New York Press, 2014), p.25.

111 程宗猷：〈少林棍法闡宗 - 紀略〉，《國術四書》，無頁數。

112 馬力編：《中國古典武學秘籍錄（上卷）》（北京：人民體育出版社，2005），頁 167。

113 同上，頁 174。

114 劉見成：《修道成仙：道教的終極關懷》（台北：秀威資訊科技股份有限公司，2010）。

115 山西科學技術出版社：《武術古籍珍本文庫（第 1 輯）》（太原：山西科學技術出版社，2014）。

116 山西科學技術出版社：《形意拳譜（丁酉本）》，《武術古籍珍本文庫（第 1 輯）》（太原：山西科學技術出版社，2014），頁 5。

117 劍華：〈拳術蠡言〉，《體育叢刊》（1924），頁 82；《民國國術期刊文獻集成》卷 9，頁 263。

118 林小美等：《清末民初中國武術文化發展研究》（杭州：浙江大學出版社，2012），頁 62。

119 薛顛：《象形拳法真詮》（太原：山西科學技術出版社，2011），頁 2。

120 陳鑫：〈凡例〉，《卷首》，《陳氏太極拳圖說》（太原：山西科學技術出版社，2003），頁 2。

121 孫祿堂著；孫劍雲編：《孫祿堂武學錄》（北京：人民體育出版社，2000），頁 123-124。

122 近來身體視野受到關注，成為討論中國思想的角度之一，例如黃俊傑

指出中國傳統「身體觀」的研究，展現了三個新視野：（一）作為思維方法的「身體」；（二）作為精神修養呈現的身體；（三）作政治權力展現的身體。見黃俊杰：《東亞儒學：經典與詮釋的辯證》（上海：華東師範大學出版社，2011），頁 187-218。

123　陳鑫：《卷首》，《陳氏太極拳圖說》（太原：山西科學技術出版社，2003），頁 65。

124　同上，頁 83。

125　同上，頁 77。

126　同上，頁 149-150。

127　同上，頁 77。

128　同上，頁 78。

129　張之江：〈第三次講演國術源流及內外家〉，《中央國術館彙刊（1928）》，頁 12；《民國國術期刊文獻集成》卷 8，頁 398。

130　韓超羣：〈技擊術與生理學之關係〉，《求是季刊》卷 1 期 1（1934），頁 37-41；《民國國術期刊文獻集成》卷 26，頁 45-49。

131　沈維周：〈國術乃田徑進化而再進之產物〉，《體育》卷 2 期 5（1934），頁 2；《民國國術期刊文獻集成》卷 16，頁 4。

132　孫祿堂著，孫劍雲編：《孫祿堂武學錄》（北京：人民體育出版社，2000），頁 189。

133　同上，頁 133。

134　同上，頁 128-130。

135　同上，頁 377。

136　同上，頁 100。

137　龔鵬程：《武藝叢談》（濟南：山東畫報出版社，2009），頁 250。

138　薛顛：《象形拳法真詮》，頁 4。

139　姜容樵：〈國術功夫與丹道貫通說〉，《國術週刊》期 88（1934），頁 2；《民國國術期刊文獻集成》卷 24，頁 90。

140　鐸庵：〈性功拳解〉，《國術週刊（天津道德武學社）》創刊號（1931），頁 18；《民國國術期刊文獻集成》卷 12，頁 76。

第七章

◆

體制以外
自有天地

武術的原生環境在軍旅，也在民間生活。從前的軍旅武術用於戰場，並且上升至教育和國家慶典儀式。民間生活中，武術有防身自衛，捍衛鄉土、地方信仰和日常娛樂之效。軍旅武術以軍隊為載體，以國家力量去改良和再發展；民間武術有強烈的社群氣息，最初在鄉鎮，之後在新興城市，按一套既有的社群紐帶或師徒關係傳承，當中傳統元素甚為明顯。冷兵器時代結束，中國的帝制也在二十世紀初畫上句號，軍旅武術和相關的文化價值流失。新時代的武術強調強國保種，身心修養，去門派和科學化，反對談玄說怪，有不同程度的成就，但也不能滿足所有授武、習武的人。事實上，在同樣的一個時空，符合不同社羣需要的理念和行為沿不同路徑行進。今天的新文化史（New Cultural History）的發展，以新的文本、圖像和儀式為題材，突顯了語言在塑造和再現歷史的作用，也剖開了種種社會實踐的深層意義。同樣重要的是，它顯示了各種傳統的並存，沒有一種有必然的正當性。它們並存而且互相滲透。就算是

當權者的區分，也不會令所謂次要的傳統馬上消失。[1] 二三十年代的武術改革有其正面意義，但傳統土壤上的武術並沒有停止生長，仍循它們的既有軌跡而發展。

以國術振興民族與國家的大計隨著中央國術館的消沉而冷卻。表面上，中央國術館受到政府支持和政要肯定，大小省市的國術館因而一度興旺，但內在矛盾和外來挑戰一直不止。人事紛爭、發展方向和執行力度等等問題上文已經提過。即使在發展最佳的首幾年，國術館也只能穩站中部和北部的主要城市。南方的傳習者，換上了國術的名號，參考了一些新的傳授方法，但做法和從前未必兩樣。在 1935 年張之江致國民政府主席林森的信件也談到各國術館的實際境況，「然統計通國，設有國術館社之處，已寥若晨星，屈指可數。而所有館社，又多無固定經費，左支右絀，難以發展」。[2] 所以他希望能將國術定位為軍警的基本訓練，以求廣泛推行。只是建館還不到十年，日本侵華戰爭就在 1937 年全線開打。11 月 19 日，張之江再致函林森，訴說國術館被炸，並要求遷至長沙，以策安全。[3] 1938 年 1 月 2 日搬遷完成，[4] 之後張之江還不斷要求國民政府支持發展，但兵荒馬亂之際，成效有限，更因逃避戰禍而多次再遷，由廣西桂林而昆明，輾轉落腳重慶。表面上，中央國術館和國術體育專科學校皆得保存，但被閑置卻是遲早問題。國民黨戰敗遷台後，張之江在新中國的武

術界仍保有一定地位，但發展國術的的大計已經不由他主導。新中國建立以後，社會主義建設國家是首務，經濟和社會改革全面展開。當時的部分地區，「會、道、門」仍為強大地方勢力，並且配合地方武裝和國民黨餘眾對抗新政權。於是，新政權全力整肅，以廣東為例，祕密會社在 1951 年全被取締，1953 年各種道、門亦際遇相同。[5] 在江西，整肅「會、道、門」的工作一直延至 1961 年，不少成員以壞分子、反革命治罪。[6] 連帶與「會、道、門」有密切關係的武術也聲名大挫。

武術之後並未被忽略，也被肯定為中華民族的寶貴遺產，但卻明顯朝保育，競技和全民健體的方向而行。[7] 在實踐方面，重點在全國性武術套路比賽，並且建立正式的比賽形式和評審標準。1956 年 11 月 1 至 7 日，首個全國性的比賽在北京舉行，分別進行拳術和器械的演練。[8] 之後的近三個年代，套路競技化成為主調，到 1960 年，「長（拳）、太（極）、南（拳）」的競賽體系形成，各省、市、自治區紛紛建立武術隊，體育院校也多設有了武術專科。這時期，搏擊不是重點，中國武術界也少與外界來往，到八十年代以後重回國際舞台，已是後話。

熱烘烘的國術運動無以為繼，但原有的武術卻未致終絕。雖然不少名師在戰後的新時代嘆時不與我，但仍能找到繼續發展的武術生態。即使在國內，傳統武術也

許沒那麼顯眼，但仍然活在很多人的生命裏。也難怪近年不少今天紮根海外的門派，也在國內重新成長 [9]。某些人來說，武術仍靠舊方式承傳，代表了科學化和體制化的不徹底，但從新文化史的眼光來看，那正顯示了不同傳統的同時行進。沒有被體制吸納的武術從業者依舊秉持他們的技藝、信念和承傳形式，存活在新、舊重疊的生活空間。單看香港一度承傳的南北武術，有傳統的一面，也有轉化而成的一些新元素。

沒有一個完善的教育系統支持，要求武林人士自發地進行武術科學化並不實際。如果科學化包括唐豪等堅持的去門派化，更可能涉及極大的糾紛，畢竟民間武林視門派為共同保持的珍寶。太極門人繼續奉張三峯為祖，形意門人供奉脫槍為拳的岳飛。早於十九世紀中，蔡李佛始創時，陳享（1806-1875）即自號少林正宗，二十世紀初黃飛鴻門人朱愚齋在香港通俗文化之中論述的，亦是少林真傳。其他如蔡莫派師祖劉仕忠，據說浪跡江湖時得到少林張文永點化，[10] 洪佛派祖師李祖寬（生卒不詳）師事洪熙官，[11] 龍形祖師林耀桂（1874-1965）獲少林海豐師之真傳。[12] 就是出身中央國術館的耿德海，南下任教兩廣國術館，但到香港後又以大聖劈掛門之名設館授徒。可見門派對授武與習武者的重要性。門派早已和傳聞和小說互相滲透，在香港復得電影電視等等媒體傳播，更深入民心。各種共用的文化符號

和經驗聯繫著一代一代的教者和習者。

　　幾十年下來的的武術改革，不同元素，符號性的、實用性的，不同程度上深入了武術界。強國保種的說法，已成不變的內涵；為國除奸的事跡，傳頌一代又一代。蔡李佛陳享公的生平之中，有他帶兵投入鴉片戰爭中虎門水師，力抗英軍的事蹟。[13] 白眉張禮泉（1882-1964）軼事之中，也有「清末政府腐敗，各地革命黨人起義推翻滿清，宗師本著救國救民的心情亦參加了革命隊伍」的故事。[14] 各種相傳的俠義，激動著人心。霍元甲嚇跑了西洋大力士，南方的黃飛鴻也在香港踢死了神犬，讓他的外籍主人落荒而逃。[15] 北方螳螂拳羅光玉（1889-1944）的師父范旭東（1883-1945）據說也曾擊敗沙俄拳擊家十多人。[16] 舊式的武術傳授沒有統一教程，從前更是不立文字，純靠師父口授和指正。民國以來，印製拳譜，廣泛流傳已經是常態。朱愚齋為林世榮拍照繪圖，記錄洪拳重要套路，輔以拆門解義。白鶴派吳肇鐘（1887-1967）在 1936 年出版《白鶴派獅子吼拳經》，南派螳螂葉瑞（1913-2004）編著《螳螂拳散手》一書。楊澄甫在民國期間口述《太極拳體用全書》，由文武兼備的鄭曼青（1902-1975）筆錄，1934 年出版，到 1948 年聿楊澄甫長子楊守中（1910-1985）修訂再版。該書詳細解讀楊氏太極拳的精要，對完善太極拳理論有極大幫助。[17] 後人董英傑（1897-1961）也於 1948

年出版《太極拳釋義》。只是擂臺比武為法例不容，中央國術館鼓勵的實戰在七十年代之前無法在香港發揚，1954 年轟動一時的吳（公儀，太極，1898-1994）陳（克夫，白鶴，1917-2013）比武也得移師澳門舉行。

從傳習武藝的空間來說，精武會在香港開枝散葉是一個重要印記。自 1919 年精武學校於銅鑼灣大坑村成立，國內國術名師如李樹山、陳子正、劉占五、陳國俊、張樹青、趙桂枝、鮑希勇等先後南來，[18] 1920 年精武學校改建為精武體育會，並和上海、廣州、佛山、澳門各地精武會緊密聯絡。香港精武秉持修文習武的要旨，至今依然活躍。另外，一些門派也成為大型體育會的重要部分，得以持續發展。例如香港的南華體育會，在 1921 年設有技擊部於耀華街，[19] 迷蹤羅漢拳葉雨亭（1892-1962）就在戰後曾任教於該會。這些較有規模的體育會，當然有別於傳統的武館。因為香港人口稠密，寸金尺土，武館只能寄託於小小住宅甚至天台。在白天努力營生的師與徒，晚上就在狹小的空間演練武術，談武林傳說。看似因陋就簡，但卻也能滿足不同習者的要求。較有魄力的師傅，到工會商會授徒，兼營跌打中醫收入幫補，週末出獅為節慶助陣。黃飛鴻的徒兒林世榮應香港肉行商會之邀來港授徒。家傳戶曉的詠春宗師葉問（1893-1972）在 1949 年大陸解放後經澳門來到香港，先後在港九飯店職工總會，上環飯店職工總會之公

安分會開班。[20] 另外，經改造後的國術形象大有改善，五六十年代香港的大學、中學不少都設有國術班。如白鶴派鄺本夫就曾任教名校如喇沙書院、培正中學。

即使在同一地區，現代化也有不同的面相，走在不同路徑上的人，步履也未必一致。戰後香港高速現代化，但不少族群還保存著深刻的既有傳統。就如客家人的武術，包含了麒麟、武術、神功以至醫藥。[21] 它分成各種支派，大部分以南少林為共祖，生成的環境在客家村落，武術有捍衛家園之致用，舞麒麟求平安，求風調雨順，也求子孫昌盛。神功包括儀式和符瑞，求趨避凶，健體強身。醫學包括內外病症的診斷和治療。整體而言，客家武術包含了整個群體的生活，信仰和認同，並非一個外來的「現代化計劃」可以即時改變。

客家人經過漫長的旅程，來到粵、閩、贛的交接地帶，途中與天險鬥，與敵對族群鬥，就是後來落籍香港荃灣近海的客家人，仍要面對海盜侵擾搶劫，[22] 定居香港的客家人，如在沙田排頭村的客家人士，經常遇有盜賊搶奪農作物，[23] 所以他們堅持學武保護家園。客家武術如周家螳螂、白眉、龍形、刁家教、林家教等，幅度小、短速有力的動作；武器方面，多為日常使用的農具，如板凳、耙、鐵尺、柳針、藤牌、擔挑等，無需專門打造，用時得心應手，[24] 到今天而然流行。[25] 難怪在早年因資源問題引起的土客械鬥中，客家人以勇悍

第七章 ◆ 體制以外自有天地

聞名。[26]

客家人習武，也舞麒麟。麒麟，作為中國的瑞獸文化之一。寓意吉祥，落入在不同的層面，諸如建築、[27] 器具，[28] 以及武術。寓武於舞，舞麒麟是信俗，求平安，風調雨順，武術動作與體能訓練也融入舞麒麟。到今天，麒麟隊完成禮儀後，會表演拳術，兵器。[29] 此外，客家功夫還涉及神功醫藥。[30] 江志強師傅在一篇專欄指出：「客家人都學兩種功夫傍身。一是神功，坊間稱為茅山法術；二是明功，就是拳術」。[31] 神功與茅山，屬於道教的範疇，與符籙派的脈絡有關。道教流派之一——符籙派，以正一、上清、寶靈為主，分別以龍虎山、茅山、閣山為本山。南方的符籙派流行於民間，以消災、治病、除魔為旗幟；經過發展與變革，以符籙為依據，結合內丹修煉與倫理實踐，從而大盛一時，流動於民間。[32] 以上種種元素一直都高度結合，可能會隨社會進化改變，卻不會因為一些短時間的改革而迅速瓦解。

一個可以類比的例子是台灣的武術，在 1949 年之後，本土原有的武術與隨外來人口而來的武術，匯聚於同一空間，但紮根民間的武術，還是與信俗連結，保持發展的生命力。丁孟楫將 1949 年後台灣的武術發展，分為三個時期：扎根時期、競技化發展時期、多元發展時期。[33] 在這脈絡中，不乏體制化的發展，例如競技化

的趨勢，形成選才、訓練、參賽、輔導、獎勵等一套完整的程序。[34] 又例如劉雲樵（1909-1992），將八極拳帶入軍警系統，並開創武壇（中華武壇國術推廣協會），更有系統地傳播武術。[35] 上文提及，體制化與非體制化是並行的存在。台灣的武術發展，除了體制化的一面，自然還有非體制化的一面。蔡俊宜以西港香料武陣為焦點，討論武術的傳承。「西港香料」是廟宇慶典活動；「武陣」是廟宇慶典活動中，具備武術性質兼具有佈陣驅崇的團體。蔡俊宜考察西港香料武陣，點出其範疇涉及傳統武術與競技武術兩部分，傳統武術所佔的比例較多。至於其武術的傳承方式，主要通過「原陣隊員」與「外來支援」，而兩種方式又存在多樣性，例如「原陣隊員」包含：主要教練沿傳、庄陣舊有傳習、隊員外學等。[36] 梁玉芳以彰化振興社為切入點，點出振興社成立後，由吳幸在 1910 年在彰化傳藝；其後，其弟子陸續在彰化各地成立武館，讓振興社的習武風氣，在彰化一地流動。另外，彰化振興社與陣頭文化相連，彰化南瑤宮每 12 年，需要連續三年前往笨港遶境，[37] 振興社擔任的重要角色為維護「香擔」——在前往笨港的路程上，維護香火不熄。同時，包括武術展現：「集合數十人以上共同演出的武術表演，成員不拘男女皆可組隊或混合對練套招……這些兵器原是農業社會中常用的工具」。[38] 男性氣概呈現在武術、陣頭、宗教之間的關

聯，見於習練，也見於廟會。[39]

戰後一段日子的中國武術，沒有強大國家機器運轉，也無須背負沉重文化使命的武術，卻依然在生活中流動，風光不再，風景猶在。

注釋

1   Roger Chartier 著，楊尹瑄譯，〈新文化史存在嗎？〉，《台灣東亞文明研究學刊》卷 5 期 1（2008），頁 210。關於當代文化研究的簡述，見 Peter Burke, *What is Cultural History* (Cambridge: Polity, 2004)。

2   〈中央國術館長張之江呈國民政府主席林森為請通令各省市地方籌定國術經費成立省市縣區國術館社實施軍隊國術訓練方案〉，《國史館檔案史料文物查詢系統》https://ahonline.drnh.gov.tw/index.php?act=Display/image/1626745DtwQNn8#90x, 2021 年 8 月 17 日查閱。

3   〈國民政府文官處函中央國術館為據呈館址被炸遷往長沙以策安全〉，《國史館檔案史料文物查詢系統》，https://ahonline.drnh.gov.tw/index.php?act=Display/image/1627516PmUqtgv#97x, 2021 年 8 月 17 日查閱。

4   〈中央國術館呈國民政府主席林森為遷往湖南情形及辦公地址〉，https://ahonline.drnh.gov.tw/index.php?act=Display/image/1627550Sy7l-rs#96l《國史館檔案史料文物查詢系統》，2021 年 8 月 17 日查閱。

5   Daniel Miles Amos, *Hong Kong Martial Artists: Sociocultural Change from World War II to 2020* (Lanham: Rowman& Littlefield, 2021), pp.55-60.

6   Jiao Yupeng, "Martial Arts, Apocalypse, and Counterrevolutionaries: Huidaomen and Rural Governance in Modern China, 1919-1961," pp.249-270.

7   楊祥全、楊向東：《中華人民共和國武術史》（台北：逸文武術文化有限公司，2009），頁 16-17。

8   同上，頁 33。

9   例如張雪蓮：《佛山武術史略》（廣州：廣東人民出版社，2017），第 1 章就講述了詠春和洪拳等拳種在 1949 年以後在中國內地的承傳。

10   《國際蔡莫派國術總會第一屆就職典禮紀念特刊》（2011），頁 28。

11   《洪佛派國術總會第二十五屆職員就職典禮暨恭祝洪公白毛照宗師寶誕 150 歲誕辰 2014 紀念特刊（2014）》，頁 14。

12   《龍形體育總會四十週年紀念特刊（2001）》，頁 15。

13   《蔡李佛始祖陳享光紀念總會首屆職員就職特刊（1972）》，頁 7。

14   《白眉國術總會第十九屆執行委員會就職典禮暨第三十七週年會慶

（2010）》，頁 21。

15　鄧富泉：《俠醫黃飛鴻》（香港：華泰印刷公司，2007），頁 42-45。

16　《國際七星螳螂李錦榮國術總會 30 週年紀念暨首屆職員就職典禮》（2002），頁 34。

17　楊澄甫等：《太極拳體用全書（原版二種）》附《參拜楊家基地、拜訪楊振國先生記》（台北：心一堂，2020），頁 2。

18　張俊庭：〈香港精武會五十年概況〉，羅克堯主編：《香港精武體育會金禧特刊：1922-1972》（香港：香港精武體育會，1972），頁 25。

19　轉引自郭少棠：《健民百年：南華體育會 100 周年會慶》（香港：南華體育會，2010），頁 29。

20　葉準、盧德安、彭耀鈞：《葉問‧詠春》（香港：匯智出版社，2008），頁 176。

21　趙式慶主編，劉繼堯、袁展聰著：《武舞民間，香港客家麒麟研究》（香港：商務印書館，2018），頁 7。

22　何家麒、朱耀光：《香港警察──歷史見證與執法生涯》（香港：三聯書店，2011），頁 32。

23　趙式慶等著：《客武流變──香港客家功夫文化研究》（香港：商務印書館，2020），頁 72。

24　伍天慧、譚兆風：〈粵東武術特點形成的緣由〉，《體育學刊》期 2（2005），頁 64-65。

25　〈客家功夫三百年：數碼時代中的文化傳承〉，〈武器與訓練工具〉：http://hakkakungfu.com/exhibits/weapon_and_training_tools, 2021 年 7 月 10 日查閱）。

26　劉平：《被遺忘的戰爭：咸豐同治年間廣東土客大械鬥研究》（北京：商務印書館，2003）。

27　柳肅：《營建的文明：中國傳統文化與傳統建築》（北京：清華大學出版社，2014），頁 233-235。

28　馬如高：〈一件出土漢代彩繪雲氣瑞獸紋漆樽的修復〉，《文物保護與考古科學》期 3（2015），頁 108-111。

29　趙式慶主編，劉繼堯、袁展聰著：《武舞民間，香港客家麒麟研究》，頁 59。

30　同上，頁 7。

31　江志強：〈黑帶論壇──客家功夫：朱家教〉，《頭條日報》2010 年 11 月 26 日：https://hd.stheadline.com/news/columns/137/201011

26/129935/%E5%B0%88%E6%AC%84-%E9%BB%91%E5%B8%B6
%E8%AB%96%E5%A3%87-%E5%AE%A2%E5%AE%B6%E5%8A%
9F%E5%A4%AB-%E6%9C%B1%E5%AE%B6%E6%95%99, 2021 年
7 月 10 日查閱）。

32　任繼愈主編：《中國道教史》（上海：上海人民出版社，1990），頁
546-581；卿希泰主編：《中國道教史（卷三）》（成都：四川人民出
版社，1993），頁 105-142。

33　丁孟楫：〈戰後台灣之國武運動發展研究（1949-2016）〉，南台科技
大學碩士論文，2018 年，頁 30-50。

34　同上，頁 40。

35　武壇：〈中心簡介〉，http://www.wutang.tw（2021 年 7 月 10 日瀏
覽）；〈功夫傳奇 II 再戰江湖 - 威風八極〉，香港電台：https://www.
youtube.com/watch?v=21bGInMy51k, 2021 年 7 月 10 日查閱）。

36　蔡俊宜：〈西港香料武陣拳術研究〉，台南大學體育學系碩士論文，
2017 年，頁 84-96。

37　遶境，又稱為遊行、出巡、巡境等，其含義是善信從神殿內，迎請神
像，安防在神輦內，代表神明降臨，巡視人間，詳見〈全國宗教資訊
網〉：https://religion.moi.gov.tw/Knowledge/Content?ci=2&cid=224
（2021 年 7 月 10 日瀏覽）。

38　梁玉芳：〈彰化振興社與金鷹拳之傳統文化〉，台灣體育大學（桃園）
體育研究所碩士論文，2009 年，頁 50。

39　Avron Albert Boretz, *Gods, Ghosts, and Gangsters: Ritual
Violence, Martial Arts, and Masculinity on the Margins of Chinese
Society*(Honolulu: University of Hawaii Press, 2011).

第七章　❖　體制以外自有天地

策劃編輯	梁偉基
責任編輯	梁偉基
書籍設計	道 轍

書　　名	緯武經文：創建中國武術的近代歷程
著　　者	麥勁生　劉繼堯
出　　版	三聯書店（香港）有限公司
	香港北角英皇道 499 號北角工業大廈 20 樓
	Joint Publishing (H.K.) Co., Ltd.
	20/F., North Point Industrial Building,
	499 King's Road, North Point, Hong Kong
香港發行	香港聯合書刊物流有限公司
	香港新界荃灣德士古道 220-248 號 16 樓
印　　刷	美雅印刷製本有限公司
	香港九龍觀塘榮業街 6 號 4 樓 A 室
版　　次	2022 年 6 月香港第一版第一次印刷
規　　格	大 32 開（140 × 210 mm）248 面
國際書號	ISBN 978-962-04-4904-8

© 2022 Joint Publishing (H.K.) Co., Ltd.

Published & Printed in Hong Kong